조직의 한계

The Limits of Organization

조직의 한계
The Limits of Organization

2014년 11월 22일 초판 인쇄
2014년 11월 26일 초판 발행

지은이 캐네스 애로 | **옮긴이** 이하형 | **펴낸이** 이찬규 | **편집** 선우애림 | **펴낸곳** 북코리아
등록번호 제03-01240호 | **전화** 02-704-7840 | **팩스** 02-704-7848
이메일 sunhaksa@korea.com | **홈페이지** www.북코리아.kr
주소 462-807 경기도 성남시 중원구 사기막골로 45번길 14
우림라이온스밸리2차 A동 1007호
ISBN 978-89-6324-393-1(93320)

값 10,000원

조직의 한계
The Limits of Organization

캐네스 애로 지음
이하형 옮김

북코리아

일러두기

- 모든 각주의 내용은 옮긴이의 주석입니다.
- 『 』는 책명, 「 」는 논문명입니다.

머리말

이 책은 1970년에서 1971년 사이에 펠스(Fels)의 강의를 정리한 것이며, 펠스센터(Fels Center)의 도움을 받은 것이다. 특히 나의 절친한 친구이자 펠스센터의 소장인 율리우스 마골리스(Julius Margolis)가 많은 도움을 주었다. 마골리스는 나에게 이러한 기회를 주었을 뿐만 아니라, 나의 아이디어에 대해 용기를 불어넣어주었고, 또한 나의 이전의 규범과 아주 다른 것을 제시해주기도 했다. 여기에서 발전된 아이디어들은 우리 시대 뛰어난 사상가들의 생각에서 도출된 것이다. 이러한 도움에 대해 이 책의 뒷부분에 있는 참고서적을 통해 감사를 드린다.

제2장과 제3장의 내용은 「조직의 안건」이라는 논문에서 추출했다. 이 논문은 기술과 사회 분야의 하버드대학 프로그램(Harvard University Program on Technology and Society)의 일환으로 수행된 것으로, 일반적으로는 경제생활 그리고 특별하게는 현대기업의 혁신적 역할에 대한 프로젝트를 수행하는 과정에서 나온 것이다. 이 논문은 R. 마리스(R. Marris)와 A. 우드(A. Wood)가 편

집한 『The Corporate Economy: Growth, Competition, and Innovative Power』의 제7장에도 실려 있다. 나는 하버드 대학 프로그램의 대표자인 엠마뉴엘 G. 메스텐(Emmanuel G. Mesthene) 박사에게 감사드리며, 프로젝트 리더였던 로빈 마리스(Robin Marris) 박사에게도 감사드린다. 이들은 나의 관심사항들을 고무시켜주었으며, 프로젝트의 산물을 이용하는 것을 허락해주었기에, 특히 감사의 말을 전하고 싶다.

역자 서문

본 역서의 원서인 케네스 J. 애로(Kenneth J. Arrow)의 『조직의 한계(The Limits of Organization)』는 출판된 지 40여 년이 지나 진부한 책으로 여겨질 수도 있겠다. 그러나 짧은 분량의 오래된 이 책은 후속 연구들과 학문발전 및 민주사회에 헤아리기 어려울 정도로 깊은 영향을 주었다. 특히 민주사회가 진행될수록 케네스의 언급과 논리가 더욱 맞는다는 것이 증명되고 있어, 사회선택이론의 고전으로서 가치뿐만 아니라 40여 년이 지난 현실의 사회에서도 그 적용 정도와 범위 및 함의를 가늠하기 어렵다는 점이 놀라울 따름이다.

본 역자는 역서 초본에서 오만함이 앞을 가려 원제목을 부제로 달아 역서 명을 『신조직이론: 조직의 한계』로 하였다. 내용도 제대로 이해 못하면서 자의적으로 제목을 바꾼 것에 대해 원저자에 대한 어떤 표현의 송구함도 용납되지 못할 것이며, 역서를 읽은 일부 독자들에게도 낯을 들 수 없다. 그러므로 역서를 조금 손보면서, 역서의 제목을 『조직의 한계』로 제자리를 찾게 한 것은 당연한 일이다.

본 역자는 젊은 시절의 무모한 호기로 역서를 출판했지만, 제대로 이해하지도 못하면서 번역한 학자로서의 무책임에 그동안 스스로를 질책하며 머리를 감싸고만 있었다. 좀 더 원서의 의미에 가까운 개정 번역본을 내보려는 생각과 시도를 하지 않은 것도 아니나, 자신감 상실과 또 다른 오역의 걱정에 거의 20년 가까운 시간이 지나가버렸다. 그러다 초역에서의 오타나 역주만이라도 수정하는 것도 후학들을 위한 것이고, 작금에도 충분히 적용 및 활용 가능한 책이라는 주위의 권고에 정말로 있지도 않은 용기를 내어 번역 개정판을 내게 되었다. 그동안 좀 더 학문에 매진하여 보다 원서에 가까운 번역을 해야 했지만, 원서의 문장 하나하나가 너무 많은 함의를 지니고 있어, 본인 능력의 한계를 또 절감하면서도 무모하고 오만한 결정을 다시 하고 말았다. 그러므로 내용의 오해와 번역의 오류 및 이해부족에 따른 설명(역주) 미흡은 전적으로 본인의 책임이며, 그에 따른 질타를 받아 마땅할 것이다.

본 역서의 원저자인 케네스 애로는 1921년 뉴욕에서 출생하였고, 뉴욕주립대학과 컬럼비아대학원을 졸업하였다. 그 후 콜즈 커미션 연구원을 거쳐, 스탠퍼드대학교와 하버드대학교 경제학 교수를 역임하였다. 그동안 계량경제학회 회장과 미국 경제학회 회장 등을 지내기도 하였으며, 이론경제학과 후생경제학에 관한 독창적인 연구로 1972년 노벨 경제학상을 수상하였다. 특히 후생경제학의 분야에서는 민주주의적인 결정에 내재하는 모순을 제시한 문제를 처음 밝혀 주목을 끌었으며, 본 역서에서의 그의 논리와 논의들은 작금 우리사회의 정치 · 사회 · 행정 등에서 나타나고 있는 문제점들을 통관(洞觀) 및 예측하고 있고, 이에 따라 우리에게 많은 교훈과 나아갈 방향 및 정책적 함의들을 제시해주고 있다고 할 수 있다.

끝으로 어머님을 가시는 날까지 모시고 아이들을 반듯하고 슬기롭게 키워준 아내의 내조와 현명함에 말로 하지 못한 고마운 마음을 전하며, 학자의 길을 가지 못하고 현실에만 안주하고 있는 본인은 본 역서로 눈과 입과 귀 그리고 있지도 않은 가슴을 막고 손을 내려놓는다.

2014년 10월
이하형

목차

제1장 합리성: 개인과 사회

RATIONALITY: INDIVIDUAL AND SOCIAL

위대한 현인 랍비 힐렐(Rabbi Hillel)[1]은 사회적인 맥락에서 살아가고 있는 인간의 행동과 인간관계의 얽히고설킨 점, 나아가 그 역설(paradoxes)에 대해 다음과 같이 설명하고 있다. “만일 내가 나 자신을 위해 존재하고 있지 않다면, 누가 나를 위해 존재하는가? 내가 다른 사람들을 위해 존재하지 않는다면, 나는 누구인가? 그리고 현재 그렇지 않다면, 언제 그러할 것인가?” 이러한 연속적인 세 가지 질문을 통해 우리는 개인적인 자기만족에 대한 주장과 사회적 의식 및 행동에 대한 주장 사이에는 본질적인 긴장이 있다는 것을 느낄 수 있다. 모든 개인은 어떤 문제에 있어서 자신의 본질적인 가치를 표현할 필요가 있다. 그러나 사회의 요구 그리고 그 사회 내에서만 실제로 표현되는 개인에 대한 필요성으로 인해, 한 개인은 다른 사람들을 위해 존재해야 하고 또한

---

1 2,000여 년 전에 바빌로니아에서 태어난 천재 유대 율법사이다.

동시에 자기 자신을 위해 존재해야 한다. 즉 한 개인이 사회생활을 함에 있어 '타인'들은 그가 살아가는 목적으로서뿐만 아니라 수단으로서도 존재하고 있다는 것이다. 서로 다른 함축성을 지닌 이러한 두 가지 문제에 대해 충분히 인식한다면, 다음의 세 번째 문제에는 당혹해 하지 않을 것이다. 이 세 번째 문제란, '매우 많은 불확실한 변수들이 서로 경쟁하듯 발생하는 상황 속에서 어떻게 확신을 가지고 행동할 수 있는가?' 하는 질문이다.

사회(집단)와 개인 사이에는 항상 긴장이 존재하고 있으며, 사회생활을 하는 동안 이러한 긴장은 피할 수 없다.[2] 사회와 개인의 주장들은 개인의 의식 내에서뿐만 아니라 사회적 갈등의 장(場)에서도 서로 경쟁하고 있다. 방대한 책을 강의하거나 저술하는 사람들조차도 이렇듯 서로 경쟁하며 상충하는 다양한 주장들에 대해 최종적인 해결책을 제시할 수는 없다. 여기에서 내가 주장하려고 하는 바는 우리가 개인으로서의 주요 역할도 하고 사회적인 역할도 하는 데 있어 발현해야 할, 목적과 수단 사이의 합리적인 균형에 대한 감각을 이해해야 한다는 점이다. 여기에

---

2 조직론적 관점에서 이러한 긴장은 조직과 개인의 갈등 또는 조직목표와 개인목표 간의 충돌 등으로 설명되고 있으며, 조직 관리의 당면과제 중의 하나가 조직(목표)과 개인(목표) 간의 일치 또는 조화를 모색하는 데 있다. 조직과 개인의 목표통합모형에는 교환모형(exchange model), 사회화모형(socialization model) 및 수용모형(accommodation model) 등이 있다.

서는 어떤 사고(思考)의 경향을 제시함으로써, 또는 좀 더 정확하게 이를 풍자함으로써 그 사례를 제시하려 한다. 새로운 것은 아니지만, 막연하게 '신좌파적 사고(the new Left thought)'[3]라고 불리는 것이 있다. 사상사를 조금이라도 읽은 사람들은 무정부적 노동조합주의(anarcho- syndicalism)[4]에 대해 들어보았을 것이다. 사실 바쿠닌(Bakunin)과 소렐(Sorel)은 이미 수 년 전에 이러한 점에 대해 언급하였다. 이는 자기 자신에 대한 스스로의 요구와 사회의 요구에 대한 그의 반응 사이에 갈등이 없는, 개인적 역할과 사회적 역할 간의 완전한 통합(어느 정도 이상적 사회에서의 개념인)을 말하는 것이며, 이를 위해서는 성실성이 요구되고 있다. 만일 소렐의 견해를 취한다면, 이러한 유형의 교리들로 혼합되어 있는 개념 역시 신화라는 것을 발견해낼 수 있을 것이다. 이는 갈등을 해

---

3 신좌파란 1950년대 영국과 미국에서 시작된 비공산 좌익사상운동을 말하는 것으로, 진보적인 사회주의에 관심을 가지고 있는 지식인의 운동 집단을 말한다. 구좌파(old Left)가 계급의식과 전투적 노동운동성을 강조한 반면, 신좌파는 이념을 도처에 산재하는 권력으로부터 인간을 해방해야 한다는 차원으로까지 확대시켰다. 신좌파는 소련에 대해 비판적인 입장을 취하면서 마르크스주의의 엄격한 형태로부터 탈피한다. 1956년 헝가리에 대한 소련의 진압은 중요한 분수령이었으며, 이를 통해 신좌파의 많은 활동이 공산당을 떠나게 되었다. 문화적 순응주의에 대한 저항도 신좌파의 특징적 요소라 할 수 있다.

4 공장이나 사업체 등은 그 속에서 일하는 모든 사람들이 소유하고 경영해야 한다는 주장이다.

결하기 위해서는 우리들의 관심 영역을 제한하는 것이 필요함을 제시하는 것이다.[5] 자유주의를 표방하는 신우파(the new Right)[6]에서도 역시 그 고유의 방법으로 갈등을 해결하고 있다. 신우파에서는 국가와 집단행동의 역할 및 책임에 대해 부정하거나 또는 적어도 최소화하려고 한다. 그리고 국가와 집단행동의 역할에 대한 요구는 시장에 대한 숭배로 대체된다.[7] 신좌파나 신우파는 모두 극단적인 것이다.[8] 일상적으로 주어지는 개인으로서의 역할을 하다 보면 우리는 사회적 요구에 대해 때때로 잊어버리기도 한다. 또한 전체적으로 보면, 적절하지 않은 맥락에서 우리가

---

5 갈등이란 많은 경우 각 개인의 지니고 있는 관심의 영역에서 발생하는 것으로 볼 수 있기에, 이를 제한하자는 것이다. 예를 들어 활동범위를 구체화하여 제한하거나 또는 권한이나 재량의 범위를 한정할 경우 갈등의 여지가 줄어들 수 있다고 보는 것이다. 대표적인 이론으로 H. 사이먼(H. Simon)이 주장한 제한된 합리성(bounded rationality)을 들 수 있다.

6 신우파는 제2차 세계대전 이후에 나타난 보수주의의 새로운 경향을 말한다. 국가 권력에 의한 재정정책으로 사회복지를 추구하는 거대 정부론에 반대하며, 시장 원리에 맡겨진 자유주의 경제정책을 주장하는 작은 정부론을 추구한다. 사상적 배경은 미국의 시카고학파와 M. 프리드먼(M. Friedman)이지만, 그 원류는 나치를 비판한 오스트리아학파이다.

7 신우파적 사고는 개인적 행동보다는 국가나 집단행동을 강조하는 신좌파적 사고를 배척하고 자유경쟁에 의한 시장경제를 선호한다는 것이다.

8 왜냐하면 신좌파는 집단(조직)행동을 강조하고, 신우파는 개별행동을 강조하기 때문이다.

개별성을 주장함에 따라 때로는 난국에 처하고 때로는 비참하게 실패하기도 하면서, 우리들 대부분은 사회적 요구를 수용함에 있어 개인이냐 집단이냐 하는 양극단의 입장보다는 어느 정도 중간의 입장을 취하고 있다.[9]

여기에서는 사회와 사회 속에서 생활하고 있는 개인, 즉 사회와 개인의 관계에 대해 논하고자 한다. 나는 합리적 정신에 대해 언급하려고 하지만, 좀 더 특별하게는 경제학자의 입장에서 말하기를 원한다. 경제학자란 합리성의 수호자로서 스스로 생각할 수 있도록 훈련된 사람이고, 합리성의 개념을 다른 사람들에게 심어주려고 하는 사람이며, 또한 사회세계를 합리성의 개념으로 설명하려고 하는 사람이다. 이는 바로 내가 하고자 하는 역할이기도 하다.

그렇다면 사람들이 **집단행동**(collective action)을 하는 이유는 무엇인가? 사람들은 어떠한 필요에서 사회를 형성하는가? 또 적어도 사회를 형성함으로써 중요한 경제적 역할을 할 수 있는가?[10] 경제학자의 관점에서 볼 때, 집단행동이란 개인적 합리성

---

9 이는 투표에서 입후보자나 유권자들이 양극단의 입장 중 하나를 택하는 것이 아니라, 일반적으로 중간 정도의 입장을 표명한다는 중위자 투표이론(medium voter theory)에서도 입증되고 있다.

10 이러한 질문은 조직(집단)의 발생을 설명하는 도구이기도 하다. 합리적 인

영역의 확대로 발생할 수 있다.[11] 집단행동이란 힘의 수단(means of power)이다. 즉 개개인이 자신의 개인적 가치들을 좀 더 충분하게 실현할 수 있는 수단인 것이다. 이러한 논점은 일견 진부하고, 경제학자들의 입장에서는 거의 논할 가치가 없는 것처럼 보일 것이다. 또한 이것은 주장이라기보다는 의심의 여지가 없는 당연한 말이기도 하다. 그럼에도 불구하고 이러한 관점은 개인들의 집합인 기업체에서 심오한 감정적 만족을 찾고자 하는 사람들이 반드시 동의할 수 있는 논점은 아니다. 예전에 에드문드 버크(Edmund Burke)는 "기사도 시대는 이미 지나갔다. 소피스트들과 사상가들 및 경제학자들의 시대가 뒤를 이었고, 유럽의 영광은 영원히 빛나고 있다"고 말한 적이 있다.[12] 손익에 대한 메마르

간은 ① 모든 개인이 지니고 있는 자원의 한계를 극복하기 위해 집단행동을 하는 것이고, ② 개인에 의한 재화나 용역의 생산보다는 집단행동에 의한 생산이 비용–편익의 측면에서 유리하며, ③ 개인적으로는 달성할 수 없거나 공급할 수 없는 것을 달성하기 위해 집단행동을 하는 것으로 볼 수 있다.

11 집단행동에 참여하는 것이 개인적으로 이익이 된다고 합리적으로 판단하기 때문에, —이러한 합리성은 일반적으로 동기적 합리성(motivational rationality)이라 부른다— 집단행동이란 바로 개인적 합리성이 확대됨으로써 가능하다고 보고 있는 것이다.

12 영국의 정치사상가인 버크(1729~1797)가 살았던 시대에는 기사의 시대가 끝나고, 유럽 국가들의 식민지배가 전 세계로 확대되면서 본격화됨에 따라 사상가와 경제학자들의 역할과 활동이 필요하게 되었다. 이 시기가 유럽의 영광이 최고조에 달했던 시대임을 고려하면, 이 말을 좀 더 이해할 수 있을

고 알기 어려운 계산이 커다란 열정을 이끄는 것은 아니다. 또한 어려운 문제점들을 기막히게 해결하지도 못한다. 일반적이거나 또는 특정한 맥락에서 집단행동에 대해 합리적으로 논하는 일은 분명히 복잡하다. 더욱더 어려운 점은 이러한 논의는 불완전하며 해결되지 못한다는 것이다. 결국 합리성이란 수단과 목적 및 그 관계를 다루는 것이다. 합리성의 개념으로는 목적이 무엇인가를 구체화하지는 못하며, 단지 수단과 목적 사이의 일치점 혹은 부조화만을 인식할 수 있을 뿐이다. 그러므로 어떠한 가치에 대한 논의도 궁극적으로는 분석되지 못하는 가정(假定)에 일시적으로 의존해야만 하는 것이다. 가정적으로 심오하다는 견지에서 하나의 가치판단의 정당화를 시도함에 따라 무한한 회귀(回歸)가 발생하게 되는 것이다.

사회적 또는 개인적인 선택의 문제에 대해 경제학자들이 어떻게 대하는지를 간략하게 살펴보기로 하자. 기본적으로 우리는 **가치와 기회**(values and opportunities)라는 두 세력이 서로 상반되고 있거나 긴장관계에 있거나 또는 균형 상태에 있는 것을 볼 수 있다. 한편으로 개인은, 물질적인 것을 소비하는 목표에서부터 더 높은 목표라고 생각하는 형이상학적 목표에 이르기까지의 모

것이다.

든 종류의 의미 있는 일련의 목표 집합을 지니고 있다. 물론 개인이 지닌 이러한 목표들이 반드시 중요한 것이라고 할 수는 없다. 그러나 대부분의 목표는 그 실현 가능성이 본질적으로 제한되어 있다.[13] 또한 단독적으로 행동하거나 또는 어떤 종류의 집합체(조직)를 통해 행동하는 개개인이 선택해야만 하는 일련의 기회들도 제한되어 있다. 사람들은 자신이 활용 가능한 기회들 중에서 자신의 가치를 가장 잘 달성할 수 있는 것을 선택해야만 한다.[14]

여기에서 경제학자의 역할이 때때로 유쾌하지 않게 된다. 비록 약간은 불공정한 것이지만, 경제학자들이란 "음울한 학문의 실천가"라는 칼라일(Carlyle)[15]의 언급이 아마 전적으로 우연히 나온 말은 아닐 것이다. 우리는 종종 우리가 지닐 수 있는 기회에

---

13 목표를 달성하기 위해서는 자원(인적 자원, 물적 자원, 시간자원, 정보자원 등)의 한계와 수많은 경쟁 및 불확실성 등을 극복해야 하기에, 그 실현 가능성이 제한을 받게 되는 것이다.

14 각 개인은 자신에게 주어진 기회 중에서 자신의 가치와 적합한 것을 선택해야 하며, 여기에서 기회와 가치 간의 상반성, 긴장 또는 균형(일치)이 발생하는 것이다.

15 토마스 칼라일(Thomas Carlyle, 1795~1881)은 영국의 철학자(사상가)이자 역사가로서, 독일 고전철학과 반동적인 낭만주의의 영향을 받아 범신론의 입장을 취했다. 그는 물질주의, 공리주의를 반대하여 자본주의를 비판했고, 이것을 대신하는 노동의 조직화는 훌륭한 인간의 지도로 수행되는 것이라는 '영웅숭배'의 주장을 했다.

는 한계가 있다는 점을 지적해야만 한다. 우리는 "두 가지 모두를 할 수 없기에, 두 가지 모두가 아닌 이것이나 또는 저것을 한다(어느 한 가지를 한다)"라고 말해야만 한다. 또한 경제체제는 그 본질에 있어 복잡한 것이라는 점을 지적해야만 한다. 겉보기에는 어떤 바람직한 가치들을 성취하는 분명한 방법인 하나의 단계가 실제로는 종종 그 가치들이 지향하는 바와는 상반된 방향으로 이끌기도 하는 일이 비일비재하게 일어날 수 있다. 예를 들어, 최소 임금을 극적으로 증가시키기 위한 많은 제안들이 있다는 것을 생각해보면 된다. 우리는 임금척도가 가장 낮은 곳에서 소득이 재분배되기를 원한다. 가장 분명한 방법은 임금을 올리는 것이다. 그러나 상황이 그렇게 단순하지 않다는 점을 경제학자라면 누구나 깨닫고 있다. 즉 그러한 정책에 시스템이 반응할 것이며, 또한 시스템에서 이를 수동적으로 받아들이지는 않을 것이라는 점은 명확하다. 이러한 것은 최종적으로 현재의 저임금 상태보다도 더 악화된 절대 실업의 증가 상태를 초래할 것이다.[16] 물론, 이러한 한계를 지적하는 것이 경제학자만이 지니고 있는 독

---

16 (최저)임금상승은 사용자의 총임금 지불의 증가를 초래하며, 이에 대처하기 위해 사용자 측에서는 고용자 수를 줄임으로서 총임금 지불을 예전 수준으로 유지하려고 할 것이고, 이에 따라 절대 실업의 증가라는 악화된 상태가 초래될 수 있는 것이다.

특한 역할은 아니다. 이는 전문가라면 누구나 맡게 되는 일반적인 역할이다. 그리고 경제학 이외의 다른 분야에서도, 분명한 단계라고 여겨졌던 것이 반드시 효과적이지 않을 수도 있다. 예를 들어, 당면과제가 교육의 질을 개선하는 데 있을 때, 단순히 현재의 시책에 따라 교육에 더 많은 자원을 투자하는 방법은 효과가 거의 없다는 것이 최근의 연구에서 제시되었던 것이다.

이러한 가치와 기회의 문제점들은 조직 수준뿐만 아니라 심지어 한 개인의 수준에서도 제기된다. 우리가 잘 아는 로빈슨 크루소(Robinson Crusoe)의 예처럼, 여러 사람과 함께 사는 집단에서의 개인이 아닌 심지어 고립된 사냥꾼이나 또는 농부도 (가치와 기회라는) 이러한 종류의 선택의 문제점에 직면한다. 그러나 여기에서 우리가 관심을 갖고 있는 것은 사회라는 조직에 있어서의 대인관계의 역할이다. 경제학적인 관점에서 출발하면(비록 상황이 더 일반적인 것이라고 생각하고 있지만), 대인관계란 우리 상호 간의 관계개선을 위해 개인들의 집합인 조직[17]에서 필요한 것이다. 대인관계는 적어도 두 가지 이유에서 필요하다. 물론 그 밖에도 여러 가지 이유가 있다. 하나는 사회의 기본적인 자원인 천연자원, 인간자

17 이때 조직의 의미는 계층제적 의미에서의 조직(예: 기업, 정부조직)도 해당하고, 개개인들이 단순하게 모인 집합체(예: 취미동우회, 비공식조직)도 해당한다.

원, 기술적 자원 등의 공급은 제한되어 있고, 대안적인 가치를 실현하거나 또는 이러한 가치들에 부합하는 대안적 행동을 찾으려는 시도는 희소자원들에 대한 경쟁을 의미한다는 것이다. 만일 우리가 한 방법만으로 어떤 일을 한다면, 다른 방법으로는 그 일을 할 수 없다.[18] 그러므로 여기에서 경쟁을 중재할 시스템이 있어야 할 필요성이 나타나게 된다. 이러한 시스템은 (자유경쟁의) 시장일 수도 있고, 군사국가나 사회주의 국가에서처럼 권위적인(또는 독점적인) 배분 시스템일 수도 있다. 어떠한 경우에서도 자원에 대한 경쟁을 규제하고 자원들을 서로 다른 가능한 사용자들에게 배분하기 위해 어느 정도의 복잡성과 어느 정도 조직화된 사회 시스템이 필요하게 되는 것이다.

나아가 협동의 결과로서 발생하는 이득을 보장하기 위해 대인적인 조직(interpersonal organization)이 필요하게 된다. 여기에서 근본적으로 고려해야 할 것은 (1) 개개인들은 서로 다르고,[19] 특히 서로 다른 재능을 지니고 있다는 것과 (2) 사회적 과업을 수행하는

18 이것은 방법론적 배타성(exclusiveness)을 말하는 것이다. 배타성의 한 예로, A라는 장소에서 B라는 곳으로 이동할 때, 승용차를 이용하게 되면 버스나 그 밖의 운송수단을 이용하지 못한다는 것을 들 수 있다.

19 개인마다 지니고 있는 선호(preference)와 효용함수(utility function)가 다르다는 뜻이다.

데 있어서 개개인의 능률성은 전문화와 더불어 개선된다는 점이다.[20] 기능을 전문화하기 위해서는 협동이 필요하다. 여기에는 거래와 분업의 모든 요인들이 포함된다. 원시적인 마을에서 대장간을 운영하는 대장장이도 편자를 음식으로 먹을 수는 없다. 그는 편자를 만드는 데 있어 전문가이고, 농부와의 물물교환으로 식량을 얻을 수 있으며, 따라서 양자가(이것이 중요한 점이다) 더 나아질 수 있는 것이다.[21]

그렇다면 대안적인(대안으로 제시되고 있는) 사회조직들을 어떻게 평가할 것인가? 사회의 요구에 맞추기 위한 다양한 조직적 배열이 존재하고, 또한 이러한 조직배열은 서로 다른 많은 요구들을 만족시킨다. 그러나 어떤 조직배열은 바람직하지만, 성공적이지 못한 조직배열도 존재한다. 이 시점에서 나는 좋은 사회(good society)에서 성취한 것에 관심을 갖는 것이 아니라, 그 개념정의에만 관심을 갖는다. 하나의 시스템이 다른 것보다 더 낫다고 말하는 것의 의미는 무엇인가? 다시 말해 일상적인 경제적 사

20 분업 등에 따른 전문화가 조직의 능률성(생산성)을 향상시킨다는 것은 자명한 일이며, 이에 따른 부작용은 다른 문제이다.

21 이러한 애로의 관점은 경제학의 가장 중요한 공적은 이기적인 동기를 지닌 사람들이 교환을 통해 상호 유익한 결과를 초래할 수 있음을 보여준 데 있다고 한 D. 뮐러(D. Mueller)의 언급과 일치한다.

고(思考)에 있어서 우리는 빌프레도 파레토(Vilfredo Pareto)의 이름과 연관된 능률성이나 또는 최적성의 개념[22]을 사용한다. 더 낫다거나 또는 능률적이라는 의미는 다음과 같다. 말하자면 모든 개인들이 그 자신의 가치에 따라 한 상황이 더 낫다고 느꼈다면, 한 상황이나 시스템 또는 하나의 배분이 다른 것보다 더 낫다는 것이다.

물론 이러한 기준에 따라 더 나은 상황이 있다는 것을 받아들이려는 것은 분명히 아니다. 그리고 이와 같은 강력한 의미에서 더 나은 다른 시스템이나 또는 배분이란 없다.[23] 단지 능률적인 시스템이나 배분이란 모든 사람들이 더 나아지게 하는 것[24]을 의미한다고 보는 것이다. 이러한 정의는 바람직하지 않은 일련의 상황들을 털어버리는 데 매우 유용하다. 이는 어떠한 의미에서든지 최적의 상황에만 한정되는 것이 아니다. 사회에 두 가지 상황이 있다고 하고, 그 중 하나의 상황에서는 개인 A가 나아지지만 개인 B는 오히려 나쁘게 되고, 다른 하나의 상황에서는 그

22 파레토 능률 또는 파레토 최적을 말한다.

23 모든 개인들이 더 낫다고 생각하는 상황, 즉 시스템 또는 배분이란 없다(존재하지 않는다)는 것이 애로의 불가능성 정리의 핵심이다.

24 이러한 개념이 바로 파레토 능률이며, 모든 사람이 모두 다 최고로 나아지는 상태를 파레토 최적이라 한다.

반대가 된다고 할 때, 우리가 내린 정의(파레토 능률)에 따르면 둘 중 어느 한 상황도 엄격하게 다른 상황보다 더 낫다고 할 수 없다. 이것들은 단순히 양립 불가능한 것일 뿐이다. 여기에는 엄격하게 말해서 '배분적 정의(distributive justice)'라는 다른 기준이 개입되어야 하는 것이다.[25]

이러한 맥락에서 그리고 글 분량의 제한으로 인해 여기에서 설명하기에는 현명하지 않은 매우 특정한 가정 하에서, 가격 시스템(price system)이라는 특정한 종류의 사회 시스템을 통해 능률성이 성취될 수 있을 것이다. 우리는 판매를 통해 우리의 상품을 다른 사람에게 전한다. 사람들은 어떤 주어진 가격에서 그들의 서비스를 판매함으로써 소득을 얻는다. 그들 역시 주어진 가격에서(물론 그들이 공급하는 것과 다른 가격이다) 자신이 얻은 소득으로 재화를 구입한다. 실제로 만일 사회에서의 수요와 공급이 이러한 배열에 따라 서로 일관성을 유지한다면, 즉 사회가 어떤 주어진 가격에서 사람들이 원하는 상품을 많지도 않고 적지도 않게 생산한다면, 그 결과로 능률적이라는 사실 또는 이론(물론 사실과 이론은

25 어느 하나가 나아지고 어느 하나는 나빠지는 상황에서는 배분적 정의라는 기준에 따라 자원분배가 이루어져야 한다는 것이다. 결과적으로 나타난 전체적인 자원을 분배할 때, 나아진 편에는 약간의 이익만을 주거나 또는 이익을 주지 않고, 나빠진 편에는 나빠진 정도에 비례하여 자원분배를 하는 것을 예로 들 수 있다.

다르다)의 상태가 나타나는 것이다.

더구나 (가격) 시스템은 실질적인 부수적 장점들을 지니고 있다. (가격) 시스템은 위에서 방금 기술한 의미에서의 능률적인 배분을 할 수 있는 능력을 지니고 있을 뿐만 아니라, 참여자들이 상대적으로 적은 지식을 갖고도 경제적으로 일할 수 있게 한다. 따라서 참여자들은 단지 그들 자신의 요구에 관해서만 알 필요가 있는 것이다. 개개인은 자신의 행동이 사회에 어떤 영향을 주는지를 걱정할 필요가 없다. 만일 그가 다른 사람에게 영향을 주는 어떤 일을 했다면, 시스템의 작동에 따라 가격을 지불하면 되는 것이다. 만일 다른 사람이 사용할 수 있는 자원들을 거두어들인다면, 그는 자신이 지불해야만 하는 가격을 통해 이를 인식하면 되는 것이고, 다른 사람들을 하나의 개별적 인간으로 고려할 필요가 없는 것이다. 왜냐하면 그들은 그가 지불해야만 하는 가격을 통해 보상받기 때문이다.

게다가 (인간은 그가 가장 잘 알기를 기대할 수 있는 것만 알려고 할 뿐이기에) 우리는 지식의 필요성에 대해 제한적으로 느끼고 있을 뿐만 아니라, 약간 다르게 표현하면, 인간 개개인은 자유에 대한 감각을 지니고 있다.[26] (가격 시스템 또는 시장경제 하에서는) 그에게 무엇

26 즉 인간은 자기의 관심영역에 있는 지식에 대해서만 필요성을 느끼고 있으며, 지식에 대한 선택이나 필요성에 대한 인식은 개인적으로 차이를 보이

을 하라는 직접적인 명령은 없기에, 인간은 시스템 내에서 자유롭게 행동한다. 그는 소득을 갖고 이를 소비할 수 있다. 어떤 관점에서 보면 이러한 행동의 자유는 분명히 어느 정도 환영적(幻影的, illusory)인 것이다.[27] 만일 한 사람의 소득이 매우 낮다면 그의 행동의 자유도 매우 적을 수 있다.[28] 인간의 소득은 정의에 의해서 결정되는 것이 아니라(여기에서는), 윤리적 의미를 내리기 어려우며 상호작용이 복잡한 시스템에 의해 결정되는 것이다. 시장을 통해 자유를 구현하려는 것은 이러한 자유가 매우 제한된 영역을 지닐 수 있다는 사실을 완전하게 무시하고 있는 것이다.[29]

가격 시스템은 윤리적 시스템이 종종 비난하는 동기들을 구속한다는 근거에서 또한 공격받을 수 있다. 가격 시스템은 이기

고, 또한 개인적으로 자유롭다는 것이다.

27 시장경제시스템에서의 개인행동의 자유라는 개념은 이론적 또는 논리적으로는 가능한 것이지만, 실질적으로는 그렇지 않다. 왜냐하면 완전한 시장경제란 존재하지 않는 환영적(幻影的)인 것이며, 이에 따라 완전한 행동의 자유 역시 존재하지 않기 때문이다. 그러므로 행동의 자유라는 개념은 이상적 또는 환영적인 개념으로 볼 수 있는 것이다.

28 시장경제에서 소득이 낮다면 행동이나 선택의 자유와 그 범위는 좁을 수밖에 없고, 반대로 소득이 높다면 그가 택할 수 있는 행동의 자유 영역은 그만큼 넓어질 것이다.

29 시장경제 하에서 소득이 낮은 사람들은 선택이나 행동의 자유가 매우 한정되어 있으며, 이는 시장경제 또는 자본주의가 지니고 있는 태생적인 문제이기도 하다.

심을 덕으로 여길 뿐만 아니라, 이기심을 그 기본으로 하고 있다.[30] 예를 들어 가격 시스템을 많이 수용하고 있는 어떤 경제학자들은 만일 기업들이 사회적으로 바람직한 활동에 참여하려고 한다면, 기업들이 사회악을 저지르는 것이라고 주장한다. 기업의 목표는 단지 이익을 극대화하는 데 있어야만 하며, 이것이야말로 기업이 하는 사회적으로 가장 바람직한 활동이라는 것이다. 이는 비록 논점을 보다 확대한 것이지만, 가격이론에 어떤 근거를 주는 제안이다.

가격 시스템이 인간의 이기적 동기에 전적으로 의존하기 때문에 우리는 항상 혼란에 빠진다.[31] 이러한 동기란 그 단어의 문자적 의미에서 엄정하게 말해 이기적인 것이다. 이것은 단지 개인에게만 적합한 용어이다. 정의에 의하면 개인은 자신 이외의 다른 세상을 무시할 수 있다. 대부분의 윤리적 가르침에서는 인간 상호 간의 관계에서 소외와 익명은 있어서는 안 된다는 것을 보다 더 강조한다. 그러나 생각할 수 있는 대부분의 대안들과 비

30 시장경제의 근본인 가격 시스템은 인간 개인들이 자기 이익을 극대화한다는 이기주의 또는 동기적 합리성을 전제로 하고 있다.

31 그 이유 중 하나는 인간이 전적으로 이기적 동기에 의해서만 행동하는 것이 아니고 이타적 동기로 행동하기도 한다는 점에 있다. 이는 인간이 이성적인 면과 감성적인 면을 동시에 갖고 있다는 것과 같은 맥락이다.

교해 보면, 다른 한편으로는 능률성에 있어서의 엄청난 이득이 가격 시스템을 통해 이루어질 수 있다는 것을 무시해서는 안 되는 것이다.[32]

그럼에도 불구하고 가격 시스템을 운영하는 데는 심오하면서도 분명한 어려움이 있다. 다시 말해 가격 시스템 자체의 논리 내에 어려움이 있다는 것이다. 이러한 어려움은 가격 시스템이 어떤 영역에서는 가치 있는 것이 될 수 있다 해도, 사회생활의 완전한 조정자가 될 수 없다는 견해를 뒷받침해주는 것이다. 가격 시스템이 어떠한 방식으로든 소득의 올바른 배분을 처방하지 못한다는 하나의 난해한 관점이 있다(이는 앞서 언급했던 것이다). 기본적인 인적 자원, 능력, 훈련 및 소유권 등을 포함하는 자원들의 배분방식이 처음에 주어지면, 시스템에서는 매우 정교하고 간접적인 방법을 통해 자원들의 평가방법을 규정한다. 소득의 분배결과로 인해 어떤 특정의 요구가 발생한다는 단순한 논쟁이 있다는 제안을 방어하려는 경제학자들은 거의 없으며, 또한 이에 대한 논쟁 중 단순한 것은 없다. 그러므로 가격 시스템은 소득분배에 대해 방어할 수 있는 그 어떠한 것도 스스로 제시하지 못하

---

32 가격 시스템이 지니고 있는 여러 가지 약점에도 불구하고, 능률성의 문제에 있어서는 가격 시스템이 비교우위에 있다는 점을 간과해서는 안 된다는 의미이다.

며, 이것이 가격 시스템이 안고 있는 가장 큰 약점이다.[33]

좀 더 객관적으로 논의될 수 있는 가격 시스템의 다른 약점들이 있다. 엄격하게 기술적이고 객관적인 의미에서, 가격 시스템이 실제로 항상 작동하는 것은 아니다. 어떤 사물에 대해 단순하게 가격을 정할 수는 없다. 교과서에서 항상 사용되는 전형적인 하나의 예이자, 요즘에 현안이 되고 있는 중요한 것 중 하나로 수질이나 대기오염 문제를 들 수 있다. 가설적으로 보면, 순수한 가격 시스템이 어떠한 것이어야 하는지를 예증하기 위해서는 대기를 소유해야 하며, 대기를 임차함에 따른 오염부담을 가해야 하고, 오염으로부터 나쁜 영향을 받아 고통받는 사람들에게 보상을 해주어야 한다. 기술적으로 말해서 대기의 범위를 감독할 수 없는 것은 분명한 사실이다. 이러한 맥락에서 가격 시스템을 집행하는 것은 너무도 어려운 것이어서 가격 시스템의 집행이 이루어질 수 없다.[34]

---

33 가격 시스템에 따른 소득분배는 결국 시장실패를 초래할 수 있기에, 가격 시스템은 사회생활을 완벽하게 조화시킬 수 있는 기제(mechanism)라기보다는 사회생활을 조정하기 위한 하나의 기제라고 할 수 있으며, 여기에서 가격 시스템의 약점을 보완하기 위한 다른 기제의 도입이 모색되는 것이다.

34 가격 시스템의 집행은 그 대상이 가시적이고 양화가 가능할 경우 이루어질 수 있는 것이다. 그러나 사회현상들 중 비가시적이고 양화가 불가능한 것들이 많이 있기에, 이러한 부분에 대해서는 가격 시스템의 작동이 거의 불가능하다고 할 수 있다.

만일 오염 부담금을 부과하는 것이 가능하다면, 대기오염에 대한 가격을 부과하는 것이 어째서 더 나은지를 설명하는 것은 바람직할 수 있다. 대기오염에 대한 가격(비용)을 부과함으로써 오염시키지 않으려는 강력한 유인책을 만들 수 있다. 그리고 오염행위의 가치가 너무도 큰 것이라면, 오염으로 인해 희생되는 사람들도 보상받을 수 있는 것이다.

도로사용의 경우에도 이와 유사하게 가격 시스템이 집행되는 데 있어서의 어려움이 발견된다. 이때의 상황은 대기오염처럼 극단적으로 어려운 것은 아니다. 왜냐하면 통행료를 부과하는 것이 가능하기 때문이다. 그러나 대체로 그리고 도시의 도로에서 분명하게 나타나는 것처럼, 능률성의 관점에서 보면 통행료를 징수하는 데 들어가는 비용이 그 혜택보다 훨씬 더 크다.[35]

---

35 통행료 징수를 위해서는 징수장비 설치 및 운영 비용과 통행료 징수로 인한 교통체증비용(대기비용)이 들어가고, 그 혜택은 운행차량으로부터 받는 통행료로 나타난다. 대기비용을 제외하면 비용보다 혜택이 많을 수도 있기에 통행료를 징수하겠지만, 엄정하고 논리적으로 그리고 장기적으로 양자를 비교해 보면 혜택보다는 비용이 더 많아질 수 있으며, 특히 교통체증에 따른 비용은 양화하기가 어렵다. 이러한 맥락에서 문제되는 것이 교통 혼잡료 징수정책이다. 혼잡료 징수는 단기적으로는 차량 운행 빈도수를 줄여 교통 혼잡을 줄일 수는 있지만, 장기적으로는 혼잡료 징수의 효과가 반감된다. 이를 게임이론에서의 혼합전략균형게임의 분석결과를 적용하면, 혼잡료 징수에 따른 교통 혼잡의 감소는 내쉬균형이 아니라 혼합전략균형이기에, 시간이 흐르면 다시 교통 혼잡이 발생할 것이고, 이에 따라 정부는 혼

이와 유사한 일들이 현실의 미묘한 상황에서 일어나고 있다는 것을 보여주기 위해 좀 더 구체적인 예들을 제시해야 하지만, 지면 관계상 생략한다. 대기오염이나 도로사용과 같은 것보다 더 높고, 더 파악하기 어려운 가치에는 어떠한 것이 있는지 생각해 보자. 이를테면 사람들 간의 신뢰(trust)가 있다. 신뢰란 매우 중요한 실용적인 가치를 지니고 있다. 신뢰는 사회 시스템에서 중요한 윤활유 역할을 한다. 이는 극단적으로 능률적인 것이며, 신뢰성 있는 다른 사람들의 말에 어느 정도 귀를 기울임으로서 문제의 여지를 없앨 수 있다. 그러나 불행히도 신뢰란 쉽게 살 수 있는 일용품은 아니다. 만일 이를 사려고 한다면, 사려고 한 것에 대해 이미 어느 정도의 의심을 품게 되는(신뢰가 없는) 것이다. 경제학자들이 '외부성(externality)'[36]이라고 부르는 것의 예가 바로 신뢰 및 그 유사개념인 충성(loyalty) 또는 진실을 언급(truth-telling)하는 것이다. 신뢰와 그 유사개념들은 재화이고 일용품이기도 하

잡료를 지속적으로 인상하는 악순환이 계속될 것으로 예측할 수 있다. 즉 가격을 대폭 올려 통행량을 줄인다는 정책은 단기적으로는 효과를 볼 수 있으나, 장기적으로 보면 운전함에 따른 편리성과 소득증대 및 차량 증가 등으로 인해 다시 혼잡이 발생한다는 것은 게임이론을 통해 논리적으로 분석된 것이다.

36 외부성이란 시장경제 내부에서 한 소비자나 생산자의 소비활동이나 생산활동이 시장 기구에 참여하지 않는 타소비자나 생산자의 선택범위에 영향을 미쳐서 무상으로 효용이나 생산의 증감을 유발하는 것을 말한다.

다. 이것들은 실질적이고 실제적이며 경제적인 가치를 지니고 있다. 이는 더 많은 재화 또는 인간이 높은 가치를 두고 있는 것을 더 많이 생산할 수 있게 하는 시스템의 능률성을 증가시키는 것이다. 그러나 이것들은 공개된 시장에서 기술적으로 거래가 가능하거나 또는 공개된 시장에서 거래가 가능한 일용품은 아니다.

능률성의 측면에서뿐만이 아니라 배분적 정의의 측면에서 보면, 시장 이상의 그 어떤 것이 필요해진다. 그러므로 자원배분을 지배하는 다른 양식들이 나타나는 것이다. 이러한 것들 중, 모든 수준에서 가장 눈에 띄는 것은 바로 정부(government)의 역할이다.[37] 정부는 물론 가격 시스템 내에서 자원배분에 영향을 미치기도 하지만, 그 이외의 것도 있다. 정부도 재화와 용역을 거래한다. 이것 역시 가격 시스템을 통해 작동되는 것이다. 정부는 세금을 거두어들이지만, 그 세금은 가격이 아니다. 왜냐하면 시장에서처럼 자발적인 교환에 의한 것이 아니기 때문이다. 정부는 경제 그리고 일반사회를 통제하고 지도하는 강제적이고 분명히 비시장적인 방식인 법률과 규제체계를 지니고 있다.

외부성을 지닌 것을 내면화하는 데 있어서 정부의 역할은

---

37 시장은 자유경쟁을 통해 자원배분의 역할을 하는 것이며, 정부—권위(authority) 또는 계서제(hierarchy)라고도 부름—는 독점을 통해 자원배분을 하는 것으로 볼 수 있다.

원칙상으로는 분명하지만, 실제로 쉽지만은 않다. 정부가 다룰 수 있는 이러한 외부성을 지닌 것들을 인식하고 측정하기 위해 정부가 사용할 수 있는 신호(signals)는 분명히 불완전하다. 왜냐하면 이러한 것들은 가격 시스템이 작동하는 데 실패한 영역(시장실패의 영역)에 있기 때문이다.[38] 정부는 사회적 감각(social feelings), 신뢰 및 연민(empathy) 등을 실현하는 데 있어 민간부문보다 어느 정도 더 잘 임무를 수행할 수 있지만,[39] 여기에도 한계가 있다. 권력뿐만이 아니라 금전적인 타락이 있는 것이다.[40]

배분적 정의와 관련하여 어떠한 사회적 재화의 개념에도 기본적인 딜레마[41]가 있다는 것은 잘 알려져 있는 사실이다. 능률

---

38 가격 시스템의 실패로 나타나는 시장실패를 치유하기 위해 정부개입의 필요성이 정당화될 수 있으며, 이에 따라 정부역할의 영역은 시장실패의 부분에 한정되어야 한다는 주장이 있다.

39 사유재나 사익을 추구하는 것에는 민간부분이 유용하겠지만, 공공재나 공익을 추구하는 데는 민간부문보다 정부가 더 효율적일 수 있다는 것이다.

40 이를 일반적으로 정부실패라고 부른다.

41 딜레마란 ① 주어진 맥락에서의 선택을 전제로 하며, ② 상충되는 가치가 선택 상황 속에 동시에 나타나고 그것이 대안으로 표상될 수 있으며, ③ 대안들 간의 비교가 불가능하지만(가치 간의 교환함수가 존재하지 않음을 의미) 그 중요성이 비슷하기 때문에, ④ 대안의 선택이 곤란한 상황이라고 볼 수 있다. 하지만 '선택이 곤란하다'는 것은 딜레마를 약하게 정의한 것이며, 만약 강하게 정의하면 '해결책이 없으며 따라서 결정을 내릴 수 없다'고 할 수 있다(이종범 등, 1994).

적인 배분이 일단 이루어지면, 곧이어 직접적인 갈등 상황이 나타난다.[42] 여러 행동을 통해서(그리고 여기에서 세금과 재분배에 대해 생각한다) 소득의 분배를 우리가 원하는 대로 바꿀 수 있다. 그리고 재분배 이후 능률적인 결과를 보증하기 위해 운영되는 가격 시스템이 수정될 수 있다는 제안을 방어하는 것은 가능한 일이다. 그러나 여기에서 한 사람으로부터 가져다가 다른 사람에게 주는 결과가 초래된다. 그러므로 통합에 의해 해결될 수 없고 각 개인의 복리를 공동적으로 증진시킬 수 없는 뚜렷한 갈등상황에 직면하게 되는 것이다.

경제학자들과 일련의 윤리학자들은 어떤 객관적인 기준을 제시하려고 애쓰고 있다. 그러나 그러한 작업은 작업 대상의 논리에 내재적인 것이기에 분명한 결론이 없다. 여기에서 인간의 욕구와 가치를 같은 표준으로 측정할 수 없고,[43] 또한 의사소통의

42 어떠한 형태든지 간에 자원의 배분이 일단 이루어지고 나면, 그 다음에는 이에 대한 갈등이 발생한다. 왜냐하면 애로가 이미 증명했듯이 모든 사람들의 선호를 동시에 만족시키는 자원배분이란 존재하지 않기에, 어떠한 형태의 자원배분이 일단 이루어지면 이에 대한 불만족과 갈등이 발생하는 것이다.

43 인간의 선호와 효용은 개인마다 상이한 것이기에 이를 측정할 수 있는 공동의 척도가 없다.

불완전성[44]이 개재(介在)된다는 근본적 사실이 제기된다. 따라서 이미 오래전에 조지 버나드 쇼(George Bernard Shaw)[45]는 "다른 사람들이 당신에게 행했던 것처럼 그들에게 행하지 마라. 왜냐하면 그들은 당신과는 다른 취향을 지니고 있기 때문이다"라고 말했던 것이다. 올바른 소득분배를 결정하는 것처럼, 사회적 재화는 사회 구성원들 개개인의 가치로부터 나온 추출물이다. 그러나 이러한 추출물은 모든 개개인들이 느끼는 갖가지 범주에 기초한 것이 아니라, 시장에서 재화를 구입하거나 또는 투표를 하는 것과 같은 대인적(interpersonally)으로 관찰된 행동에만 기반을 두고 있는 것일 수 있다. 지금까지 잘 알려진 바와 같이, 개인적으로 표방된 선호를 취합해서 사회적 판단을 형성하고자 하는 시도는 항상 역설의 가능성을 낳는다.[46]

그러므로 집단적 합리성의 의미에 대해 완전한 의견 일치

---

44 의사소통을 하는 당사자 간의 정보 비대칭 또는 불균형으로 인해 의사소통의 불완전성이 발생한다고 보는 것이 조직(정보)경제학에서의 일반적인 관점이다.

45 버나드 쇼(1856~1950)는 아일랜드의 극작가 겸 소설가이자 수필가, 비평가, 화가 및 웅변가이며, 20세기의 지성으로도 불린다.

46 개인적 선호를 사회적 선호로 바꾸려는 대표적 논의가 공공선택이론(public choice theory)이며, 개인적 선호를 모두 만족시키는 사회적 선호는 불가능하다는 것은 애로의 불가능성 정리(impossibility theorem)나 센(Sen)의 역설 등으로 이미 증명되어 있다.

가 이루어질 수 없는 것이다.[47] 우리는 어떤 점에 있어서는 순수한 권력관계를 지니고 있을 수 있다. 그리고 분배가 어떻게 해결되어가고 있는가에 대한 명료한 대답을 들을 수 없을 뿐만 아니라, 객관적으로 분명한 윤리적 기준이 있다고 쉽게 말할 수도 없다.[48] 갈등 중에서도 인간의 본질적 연민에 의해 경감될 수 있는 것은 확실히 있다. 여기에서 사용하는 연민이란 용어는 자기보다 못한 사람을 측은하게 바라보고 보호한다는 함축성을 가진 일상적인 의미가 아니라, 다른 사람의 입장에서 스스로 느끼는 좀 더 문학적인 의미를 지니고 있는 것이다.[49] 의심의 여지없이

---

47 개인적으로 합리적인 것이 집단적으로 비합리적인 경우가 있으며, 이러한 논의는 공유의 비극(tragedy of the commons), 죄수의 딜레마(the prisoner's dilemma) 및 집단행동의 논리(logic of collective action) 등으로 모형화되어 있다. 반대로 집단적으로 합리적인 것이 개인적으로 비합리적인 경우—예를 들어 쓰레기 소각장의 건설은 사회 전체적(집단적)으로는 합리적인 결정일지는 모르지만, 해당 지역의 주민에게는 비합리적인 결정인 것이다—도 있을 수 있다. 또한 개인적 합리성을 모두 만족시키는 집단적 합리성이란 불가능하기에, 집단적 합리성의 개념에 관해서도 일치된 논의가 없는 것이다.

48 사실상 이것은 불가능하다. 왜냐하면 객관적으로 분명한 기준이란 모든 사람들이 동의하는 기준일 것이며, 모든 사람의 동의를 얻기는 불가능하다는 것이 이미 증명되었기 때문이다.

49 이러한 의미로 사용되는 개념에는 다른 사람의 입장에서 생각하는 감정이입(empathy)이나 형이상학적 사고 등이 있다.

검증된 것은 아니지만, 이러한 동기가 어떤 힘에 의해 작동되고 있음은 분명하며, 일정 영역에서 이타적인 이익을 표방하는 정부와 같은 제도에서 분명히 보다 잘 작동한다.[50]

물론 정부라는 제도는 수많은 집단적 제도 중 하나에 불과하다. 정부는 강제적 권력을 독점한다는 데 있어 다른 제도와 구분된다. 독점이란 것이 물론 절대적인 것은 아니다. 기업, 특히 대규모 기업은 부분적인 복종으로 가격관계가 내부적으로 이루어지는 또 다른 주요 영역을 제시하고 있다. 기업의 내적 조직은 다시 계층적이고 관료적인 것이다. 가격은 의심의 여지없이 조직 외부에서 강력한 영향력을 행사한다. 그리고 적어도 많은 기업들은 가설적인 완전경쟁시장이 잘 운영되도록 고무하기 위해, 또는 적어도 활발하지 못하고 불완전한 정보가 주어지는 현실의 시장(불완전경쟁시장)이 더 잘 돌아가게 하기 위해 공동으로 노력하고 있다. 그러나 기업의 내적인 측면 그리고 특히 기업의 하위계층에 있어서의 고용자들 간의 관계는 본서에서 주로 기대하는 것과는 아주 다르다. 하버트 사이먼(Herbert Simon)이 언급한 대로, 고용계약은 일상적인 일용품의 계약과는 여러 면에서 다

50 연민과 같은 개념은 이기적 동기를 기본으로 하는 시장 시스템보다는 공동의 이익을 표방하는 정부 시스템에서 보다 잘 작동된다는 것이며, 좁은 의미로는 이기적인 사람보다 이타적인 사람이 연민을 더 느낀다는 것이다.

르다. 고용자는 (사용자의) 권위에 복종하고자 하는 의지를 사용자에게 판다. 이러한 권위의 개념에 대해서는 본서의 제4장에서 중요한 개념으로 다시 언급된다. 의심의 여지없이 고용자는 언제나 직장을 떠날 자유를 지니고 있다. 그러나 이직비용은 상존하는 것이고 사소한 것이 아니기 때문에, 고용관계에 따라 고용자가 지속적으로 그 조직에 참여할 것이라는 기대가 창출되는 것이다.[51]

정부와 기업 이외에도 수많은 조직들이 있다. 그러나 그것들이 정당이건, 혁명적인 운동단체이건, 대학 또는 교회이건 간에, 그들 모두는 집단행동을 하고 있다는 특징과 비시장적 방법을 통해 자원배분을 한다는 특징을 공통적으로 공유하고 있다.

윤리와 도덕성의 원칙이 지배하는 보이지 않는 제도들에도 관심을 기울일 필요가 있다. 윤리와 도덕성을 바라보는 분명한 한 가지 방법은 (이것은 합리적 분석에서 시도하는 것과 양립하는 것이지만)

---

51 고용자와 사용자의 자유의사에 따른 고용계약이 이루어진 뒤, 고용자는 언제나 그 조직을 떠날 수(고용계약을 파기하는 것)는 있다. 하지만 그 조직을 떠나기 어려운 이유는 자신이 선택한 조직에 적응하기 위해 자신이 투자한 자원, 습득한 기술 및 지식 등이 곧 매몰비용(sunk cost)으로 작용하게 되고, 이직을 하면 새로운 조직을 찾고 이에 적응하기 위해 새로운 비용을 투자해야 하기 때문에, 일단 고용관계가 이루어지면 이직이 어렵고, 많은 경우 그 조직이 마음에 들지 않는다고 해도 계속적으로 남아있게 되는 것이다.

이러한 원칙들이 의식적으로 형성된 것이거나 또는 많은 경우에 있어 무의식적인 것으로서 상호혜택을 주기 위해 동의한 것으로 보는 것이다. 이미 말한 대로 서로를 신뢰한다는 동의는 돈으로 살 수 있는 성질의 것이 아니다. 또한 서로 간에 일을 하겠다고 서명한 계약에 의해 쉽게 이루어지는 것도 아니다.

사회는 그 진화과정에 있어서 다른 사람을 고려하는 어떤 유형의 함축적인 동의를 발전시켜왔다. 이러한 동의는 사회가 생존하는 데 있어 필수적인 것이거나 또는 적어도 사회가 효율적으로 작용하는 데 있어 큰 공헌을 한 것이다. 예를 들어 경제발전이 후진적인 많은 사회의 속성 중에서 상호신뢰가 부족하다는 점이 쉽게 관찰된다. 단순히 정부가 개입하는 것은 아니라 해도, 어떠한 종류의 집단적 사업들이 이루어지기가 어렵거나 또는 불가능한 이유는 A가 B를 배신하기 때문이기도 하고, 또한 심지어 A가 B를 신뢰하기를 원한다 해도 B가 자신(A)을 신뢰하지 않을 것임을 알기 때문이기도 하다. 이러한 사회의식(공감대)의 결핍은 아주 실질적인 의미에서 분명한 경제적 손실이 된다. 또한 이것은 정치 시스템이 잘 돌아갈 수 있는 가능성이 손실되는 것이기도 하다. 이러한 점에 대해 나는 경제학자의 입장에서 접근하는 것이며, 따라서 가격 시스템의 실패에 대해 언급하는 것이 된다. 다른 관점에서 접근해도 동일한 결론에 이를 것이라고 확신한다. 그러나 이러한 관점으로 출발함에 있어, 가격을 통해 다른 사람들에 대한 모든 책임들을 중재할 수는 없고, 이러한 사실을 통해 사회에 관통하고 있는 소위 말하는 '(사회)의식(conscience)'의 중요성이 강조되는 것이다. 이러한 의식이란 한 사람의 행동이 다른 사람에게 영향을 준다는 의미에서의 책임감에 대한 느낌을 말하는 것이다.[52]

불행히도 이러한 입장을 강력하게 밀고 나갈 수는 없다. 우리는 우리의 행동이 다른 사람들에게 주는 효과를 모두 알 수 없기 때문이다. 만약 다른 사람에 대한 이러한 의무들을 심각하게 받아들인다면, 자신이 취한 행동의 결과에 대해 실제로 모두 알고 있지 못하면서, 그 결과에 대한 책임을 느끼는 매우 다른 입장에 놓이게 될 것이다. 그러므로 어떤 효과적인 행동을 하기 위해서는 다른 사람에 대한 책임을 한정할 필요성이 어느 정도는 분명히 있는 것이다. 이미 개략적으로 언급한 대로, 가격 시스템은 하나의 극단을 택할 수 있도록 해준다. 가격을 통해 빚을 갚는 것이고, 그 이상 다른 사람에 대한 책임에 연연할 필요성은 없다.

---

52 예를 들어 민주의식이 확립되어 있는 사회에서는 가격 시스템이 작동하지 않거나 가격 시스템이 작동될 수 없는 상황에서 사람들의 의식으로 제도를 운영할 수 있는 것이며, 이는 나아가 자신의 행동에 대한 책임을 수행하는 것이기도 하다.

가격 시스템이 완전하게 작동하지 않는다면(도로를 지날 때 우리가 다른 사람의 생명을 위험하게 할 수 있다는 책임을 지니는 것은 그것에 대해 가격을 지불하는 것과는 아주 다르다), 어느 정도까지는 사회적 책임에 대해 고려해야만 한다.[53] 그러나 이럴 경우, 단순하고 잘 정리된 경계가 없어지게 된다.

위에서 언급한 논지를 따르면 인간은 개인의 욕구와 사회의 요구 사이에서 항상 갈등하고 있다. 그러므로 나는 개인과 사회 간의 완전한 통합체가 존재할 수 있다는 견해를 부정한다. 여기서의 통합체란 사회와 개인적 맥락이 완전한 동질성(identity)을 느끼는 것을 말한다. 예를 들어 한 사람의 사회적 · 정치적 태도에는 어느 정도 양보 또는 타협된 그 사람의 개인적 견해가 항상 반영되어 있어야만 한다. 어떤 순간에 한 개인이 지닌 가치가 타협되어야만 하는 이유는 다른 사람들은 그 사람과는 다른 가치를 가지고 있고, 어느 정도의 협동이라는 요소, 특히 동의 없이는 사회적 행동이 가능하지 않기 때문이다.

사회적 요구라는 것은 얕잡아 볼 수 없고 개인의 욕구를 압

53 즉 개인적으로 가격 시스템을 통해 빚을 갚는 것이 한계에 있을 경우, 사회가 그 책임을 수행해야 한다는 것이다. 이를테면 자동차보험의 '책임보험제도'를 들 수 있다. 책임보험은 각 개인이 가입한 자동차보험에서의 보험금 지급이 미비하거나 또는 개별적으로 자동차보험에 가입하지 않았을 경우, 사회적으로 보상을 해주는 사회적 책임의 제도인 것이다.

도하는 부담처럼 보이지만, 사회규칙 뒤에는 항상 다른 개인들이 있다. 또한 사회적 요구가 항상 분명한 것이 아니라 해도, 다른 사람들이 있다는 점이 바로 사회적 요구를 수용하는 것이 된다. 예를 들어 법률은 인간의 자유를 구속한다는 측면에서 나쁜 것으로 간주할 수 있다. 그러나 법률이 결국 다른 개인들의 자유를 보호하는 것이라는 점을 상기하면 상황은 아주 달라진다. 여기에서 언급하는 다른 사람들이란 흔히 추상화 존재들이며, 우리가 알고 있는 구체적인 사람들이 아니다. 그럼에도 불구하고 추상화된 사람들 뒤에 숨어 있는 개개인이라는 감각을 우리는 항상 인식하고 있어야만 한다.

사회적 요구들은 공식적인 규칙과 권위를 통해 표현될 수 있으며, 또는 사람들의 의식이 내면화되어 요구라는 형태를 통해 표현될 수도 있다.[54] 이러한 요구를 집합적으로 보면, 모든 사람들의 효율을 증대시키기 위해 필요에 따라 요구들이 타협될 수 있는 것이다. 각 개인은 어떤 때는 사회적 요구라는 것을 자신의 행동을 구속하는 일련의 굴레로 느낄 수도 있다. 그리고 불행

54 예를 들어 민주화에 대한 요구는 사람들의 의식 속에 민주화라는 것이 내면화된 이후 사회적 요구로 나타나는 것이라고 할 수 있다. 비슷한 맥락에서 예전의 정치발전이론에서 (민주적) 제도가 먼저냐 (민주적) 인간이 먼저냐에 대해 많은 논의가 있었지만, 어느 주장이 옳다고 판명되지는 않았다.

히도 또 다른 문제점들이 있다. 사회적 동의라는 것이 궁극적으로 바람직한 가치를 성취하는 데 장애로 작용할 수 있다는 것은 분명한 사실이다.[55] 그러한 가치는 만인이나 또는 대다수가 요구하는 것일 수도 있다. 문제는 개인적 결정의 변화는 비교적 쉽지만 집합적 동의를 변화시키기가 어렵다는 것이다.[56] 여러분뿐만 아니라 다른 많은 사람들 역시 기업 활동을 할 때, 일단 이루어진 동의가 쉽게 변하지 않는다는 것을 분명하게 느꼈을 것이다. 만일 동의가 의식적인 수준에서 이루어진 것이라면, 다른 사람들의 마음을 변화시키기 위해 그들을 설득하는 모든 공식절차가 있을 수 있다. 변화시키기 어려운 것은 진정한 목적을 모르고 동의에 도달한 무의식적인 동의이다. 많은 희생과 깊은 참여를 목적으로 하는 언명이 있을 수 있다. 전쟁이나 혁명 또는 종교에 대한 언명은 서약할 당시로부터 시간이 지남에 따라 상황이 바뀐다 해도 뒤집기는 어려운 것이다. 서약에서는 기대하지도 않았고 바람직하지도 않은 결과가 나타날 수 있음을 경험으로 알 수 있

55 예를 들어 개개인이 특정 가치가 바람직한 것이라고 생각하고 있다 해도, 이에 대해 모든 사람들이 동의하는 사회적 동의로 결정되기는 어렵다.

56 집합적 동의가 변화하기 어렵다는 것은 (관료제의) 변화에 대한 저항이나 한 번 결정된 것이 바뀌기 어렵다는 현상유지편향(status quo bias) 등으로도 설명되고 있다.

다 해도, 과거(의 언명이나 동의)는 현재(상황)를 지배하는 것이다. 일리아드(Iliad)의 앞부분에서 아가멤논(Agamemnon)은 그리스가 트로이를 포위 공격하는 것을 포기해서는 안 되는지의 여부에 대해 의문을 제기한다. 왜냐하면 그리스는 포위 공격에 9년을 보내고 있었기 때문이었다. 그들은 아무 것도 얻지 못했고, 용감한 병사만이 죽어가고 있을 뿐이었다. 전쟁이 이 모든 것과는 관계가 없는(모든 것의 가치를 없애는) 한 여인으로 인해 시작되었다는 것은 분명한 것이다. 물론 이러한 사실을 믿어서가 아니라 그리스인들을 전쟁터에 머물게 하기 위해 아가멤논이 이러한 논의를 제기한 것이다. 오디세우스(Odysseus)는 이러한 논쟁이 아주 부적절하다는 것을 인식하게 했다. 정말로 중요한 것은 그리스인이 자신들의 언명을 파기하는 데 있었다는 것이다. 그러므로 그들은 전쟁터에 머물고 싸워야만 했던 것이다.

바로 이러한 생각, 즉 처음의 동의가 반전되어야만 할 때 오히려 과거의 목적에 대해 헌신하도록 하는 강화로 인해 역사의 가장 큰 비극이 야기되는 것이다.

이제까지 여러 가지 논점에 대해 언급하였고, 그러한 논점에 대해 모순되는 내 자신을 계속적으로 보여주었다고 생각한다. 그리고 추상적인 논의로 사회문제를 다루는 것이 좀 더 쉬운 일일 수 있으나, 어떤 구체적인 사회문제를 취하여 그 문제의 다면성(다면성이란 곧 우리가 알지 못하는 다른 사람들 그리고 아직 현실화되지 않은 사람들에게 미치는 다양한 결과를 말한다)을 제시한다면 사회문제를 좀 더 쉽게 다룰 수 있을 것이다. "이러한 것이 현재 이루어지지 않는 것이라면, 언제 가능한 것인가?" 이러한 (사회문제의 다양한) 맥락에서 행동(action)에 대해 어떻게 말해야 하는가?[57]

합리성과 선견(foresight)은 지연(delay)과 의문(doubt)을 실제로 만들어내는 능력이 있다.[58] 그러므로 합리성과 선견이란 다른 사람들에 대해 우리가 우려하고 있는 묘연하고 알 수 없는 결과에 대한 막연한 의식이기도 하다. 사회적 행동에 있어서 이를 진정하게 믿는 사람(the true believer)은 훨씬 더 효과적일 수 있다. 그러나 그것이 올바른 방향이냐의 여부는 다른 문제이다. "결단이라는 그 원래의 색조가 사려(思慮)라는 파래한(창백한) 색조로 인해 병색이 된다(The native hue of resolution/Is sicklied over with the pale cast

57 행동에는 개인의 선호에 따른 이기적 행동이 있을 수 있고, 집단 구성원으로서의 행동이 있을 수 있으며, 개인의 선호를 취합한 집단적 행동도 있을 수 있기에, 하나의 행동이 어떤 것이라고 말하기는 어렵다.

58 개인적 합리성을 모색할 때는 물론이고, 특히 사회적(집단적) 합리성을 추구할 때 이것이 즉시 이루어진다기보다는 시간이 많이 소요(지연)된다. 또한 사회적(집단적) 합리성을 모든 사람이 동의하기는 어렵기에 합리성과 선견에 의해 결정되었다는 것 자체가 의문을 제기시킨다.

of thought)."[59] 여기에서 단순한 해답은 존재하지 않으며, 내가 그것을 찾으려 하는 것도 아니다. 결과에 대해 우리가 알지 못한다는 것을 충분히 인식하면서 단순하게 행동해야만 할 때가 바로 역사의 순간들이지만, 우리의 모든 합리성을 유지하기 위해서는 확신 없이 행동해야 한다는 짐을 계속적으로 지고 있어야만 한다. 그리고 과거의 오류를 인식하고 잘못된 길을 수정할 수 있는 가능성을 항상 열어 놓아야만 한다.

---

59 셰익스피어의 「햄릿」에 나오는 햄릿의 독백. 결단이란 햄릿이 가지고 싶어 하지만 결코 가지지 못한 태도이며, 이는 햄릿의 우유부단함에 대한 자기 변호의 문구인데, 애로는 햄릿의 독백을 원용하여 자신의 입장을 간접적으로 표명한 것으로 보인다.

제2장 조직과 정보

ORGANIZATION AND INFORMATION

제1장에서는 가격 시스템이 실패한 상황에서 집단행동에 따른 혜택을 성취하는 수단이 조직이라는 견해를 피력했다.[1]

본장에서는 조직에 대한 형식적인 정의를 내리지는 않는다. 이는 거의 불가능한 일인지도 모른다. 조직이라는 개념은 한 시스템에서 실질적으로 사용되는 기본적인 용어이며, 그 중요성은 조직에 대한 가정과 그 결과로 나타난다. 제1장에서 언급한 바와 같이, '조직'이라는 용어는 아주 광범위하게 해석될 수 있다. 공식적 조직, 기업, 노동조합, 대학, 또는 정부 등만이 조직의 유일한 유형은 아니다. 윤리적인 규약들과 시장 시스템 그 자체도 조직으로 해석될 수 있다. 실제로 시장 시스템은 의사소통과 공동의 의사결정을 위해 더욱 더 발전된 방법인 것이다. 이러한 예를 분

1 가격 시스템의 실패는 일반적으로 시장실패로 표현되고 있으며, 시장실패를 치유하기 위해 정부(권위 또는 계서제의 조직)가 필요하다는 것이 조직(정보)경제학의 주된 논지이다.

명히 하기 위해, 조직에 참여하는 사람들은 그 자체가 조직인 동시에 개인이기도 하다. 게다가 개개인이 전형적으로 많은 조직에 몸담고 있음을 주지하는 것은 중요한 부분이다.[2]

조직의 목적은 많은(궁극적으로는 모든) 결정들이 그 효과를 달성하기 위해 여러 개개인의 참여를 요한다는 사실을 탐구하는 데 있다. 특히 제1장에서 언급한 대로, 조직이란 가격 시스템이 실패하는 상황에서 집단행동의 혜택을 성취하기 위한 수단인 것이다.

본장에서는 가격 시스템이 실패한 특정 유형만을 언급한다. 이는 조직 이해의 절대적인 핵심이다. 나는 현실상황에 불확실성(uncertainty)이 존재한다는 것을 항상 염두에 두고 있다. 어떤 관점에서 불확실성을 다루기 위해 가격 시스템을 유인하는 순수하게 이론적인 장치들이 있다고 하자. 이러한 접근이 모든 사람에게 친숙하지는 않을 것이기에, 여기에서는 그 윤곽만을 그리려고 한다.

불확실성이란 우리가 충분하게 진리라고 믿는 세계를 완전하게 묘사할 수 없다는 것을 의미한다. 그러므로 우리는 세상

2 일반적인 보통의 사람들은 가정이라는 조직에서부터 학교, 회사(직장), 동호회, 친인척 모임 등 많은 조직에 몸담고 있다. 그러므로 현대사회를 조직사회라고 부르기도 한다.

을 확실하게 묘사하는 대신에, 세상이란 하나의 어떤 상태나 또는 다른 어떤 상태라고 간주한다. 세상을 묘사하는 각각의 상태는 그에 해당하는 적절한 목적 달성을 기술하고 있는 것이다. 여기에서 말하는 불확실성이란 어떤 상태가 맞는 상태인가를 알지 못한다는 것을 의미한다. 불확실성이란 거래에 있어서 개개인의 욕망에 영향을 주는 상품, 취향 또는 그 밖의 것들의 조건에 관한 것이라고 할 수 있다. 그러면 고정된 양의 재화를 사고파는 계약 대신에, 조건적 계약(conditional contracts) 또는 **상황적인 일용품**(contingent commodities)[3]의 계약이 더 나을 수 있을 것이다. 즉 기술적 용어를 사용하면, 각각의 계약단위는 특정 상태가 발생했을 때 어떤 재화의 한 단위를 교부하는 것이 된다. 만일 수요와 공급의 조건을 완전하게 구체화할 수 있는 세상의 상태가 있다면, 계약이 임시적인 상태에서도 재화와 용역이 정확하게 교부되는 것을 요구할 수 있기에, 상황적인 계약이 언제나 일어날 수 있다는 처방이 가능하다. 가격이란 이러한 계약에 수반될 수 있는 것이다. 그러면 불확실성이 없는 경쟁적 경제에 대한 표준이론이 불확실성 하에서의 경쟁적 균형이론이란 것으로 재해석될 수

3 상황적 일용품이란 시간, 장소, 수요자, 공급자 등 각각이 처한 상황에 따라 필요한 일용품을 뜻하기에, 상황적 일용품은 각 개인에 따라 다르고 또한 수시로 변한다.

있다. 일상적인 의미에서의 일용품이란 용어가 상황적 일용품이란 용어로 대치되는 것이다.

이러한 설명으로부터 앞에서 언급한 이론적 틀은 실제 세계에서 비교해 볼 수 있는 것으로 보인다. 보험정책이 존재하고 있고, 그래서 원가가산계약(cost-plus contract)[4]이라는 필요악이 존재하게 된다. 더욱 중요한 것은 일상적인 재화의 시장에는 위험이 혼재되어 있다는 점이다. 그러나 이상적이며 바람직한 이론보다 조건적 계약들이 활용가능하게 되는 상황의 범주는 더 제한적이다. 예를 들어 사업실패를 보증하지 못하는 무능력 때문에 경제적인 위험을 감수하지 않게 되는 것이다. 좀 더 자세하게 말하면, 하나의 기업은 복잡한 생산과정들로 구성되어 있는데, 이를 조정하는 것은 부분적으로 불확실성의 문제이다(불확실성의 한 예로는 생산과정의 한 부분 또는 다른 부분에 있어서 지연이 무작위로 일어나는 것을 들 수 있다). 기업의 내적인 조정을 위하여 원칙적으로 가격 시스템을 상정할 수 있을 것이다. 다른 부서에 어떤 부분을 공급하는 부서는 공급이 지연되는 평균적 기간에 따라 특정 가격으로 이것을 판매할 수 있다. 판매하는 부서는 지연시간을 줄이려는 유인을 분명히 지니고 있을 것이다. 그러나 사는 사람의 위험은 지연이

4 원가가산계약이란 원가에 일정한 이익을 가산하여 생산물의 가격을 정하고 맺는 매매계약을 말한다.

될 수 있는 상황에 대한 보험체계가 있을 때만 최적으로 배분될 수 있을 것이다. 그렇지 않으면 구입하는 부서는 불확실성을 극소화하기 위해 부서의 활동범위를 바꿔야만 할 것이다. 그러한 활동범위의 변동은 생산품 전체의 감소를 야기시킬 것이다. 이러한 가격과 보증 시스템을 조합하여 실질적으로 집행하기가 얼마나 어려운 것인가를 생각하는 것은 어려운 일이 아니다.

이론적으로는 바람직한 상황적 가격이 실제로는 존재하지 못하는 또 다른 이유가 있다. 한 가지 확실한 것은 가격 스케줄의 복잡성이 너무 크다는 것이다. 보험정책에는 일반적으로 각각의 가능성에 대해 서로 다른 지불을 하는 수많은 상황들이 구체화되어 있어야만 한다. 그러한 계약을 체결하는 데는 비용이 많이 들고, 또한 그것들을 이해하는 데 역시 많은 비용이 소요된다. 장기간에 걸친 경험으로 보면, 보통 사람들이 복잡한 계약들을 이해하는 데 있어 법정은 믿음을 거의 주지 못하고 있다. 소위 말하는 책임제한 조항(exculpatory clauses)이 실례에 해당한다.[5] 예를 들어 물건을 배로 수송할 때, 수송회사는 배에 실린 물건이 손상되거

5 책임제한 조항은 'Limitation of Liability'라고도 하는데, 이는 책임으로부터 계약의 한쪽 편을 구제해주는 것으로, 계약에서 한쪽 편이 태만 등으로 고소당하는 것을 막기 위한 조항이다. 그 예로 주차장은 자동차의 분실물이나 차량 손상 등의 손해에 책임이 없다는 것을 들 수 있다.

나 분실되는 것에 대한 책임을 면하려는 조항을 계약에 종종 포함시킨다.[6] 이러한 것은 형식적으로 단순하게 위험부담의 궤적을 결정하는 것으로 간주할 수 있다. 이런 것이 일단 결정되면, 완전 시장에서는 예를 들어 보험이라는 것을 통해 위험이 재배치될 수 있다. 그러나 법원에서는 이러한 조항이 집행되는 것을 일관되게 거절하고 있으며, 수송회사가 어떠한 방법으로도 책임을 지도록 하고 있다. 그들은 수송회사에 비해 소규모인 일반적인 화주(貨主)가 미지의 위험을 평가하는 것은 어렵다고 주장하고 있다.

위험부담을 배분하는 데 있어서 가격 시스템이 지니고 있는 한계의 또 다른 주요 이유는, 위험부담의 최적화를 위해 진정한 위험과 실패를 구분할 수 있어야 하는데 이러한 작업이 실질적으로 어렵다는 데 있다. 이러한 어려움에 대해 보험을 연구하는 사람들은 도덕적 해이(moral hazard)[7]라고 부른다. 예를 들어 화재

6 책임제한 조항 중 운송품의 손해에 관한 운송인의 배상책임에 대하여 일정한 제한을 가하는 것이 운송계약의 조항이며, 헤이그규정(Hague Rules) 등에서 인정되고 있다. 해상운송에 있어서 헤이그규정에서는 포장 1단위당 책임제한액(package limitation)으로서 영국 파운드로 100파운드, 미국 달러로는 500달러로 제한하고 있다. 항공운송에서는 바르샤바조약(Warsaw convention)에 의해 책임을 제한하고 있다.

7 도덕적 해이란 보험문제에 자주 등장하는 것으로, 본인(위임자)이 대리인의 행태를 관찰할 수는 없지만 최적 행태는 판단할 수 있고, 특히 결과에 대한 불확실성이 존재하는 경우(즉 결과가 대리인의 행위나 노력에 의해서만

의 발생은 외적인 상황의 조합에 기인하는 것일 수도 있고 개인적 부주의나 심지어는 방화라는 개인적 선택에 기인하는 것일 수도 있다.[8] 그러므로 화재보험정책에서는 사람들이 그들의 행태를 변경시키는 유인을 제공하고 있고, 순수한 보험은 불가항력인 사건에만 한정시키려고 하고 있다.

로이 래드너(Roy Radner)는 상황적인 계약을 맺을 가능성에 있어서 정보의 주요 역할을 관찰함으로써 문제를 좀 더 일반적인 시각에서 언급하고 있다. 간략히 말해, 위험부담의 배분이라는 순수이론에 대해 내가 개략적으로 말한 것은 계약이 최종적으로 이루어질 때 그리고 보험금 지급이 이루어질 때, 어떠한 자연 상태가 지배하고 있는지를 모든 인간들이 알고 있다고 함축적으로 가정하는 것이다. 좀 더 정확하게 말하면, '어떤 정보이건 간에 인간들이 동일한 정보를 지니고 있다'라는 가정을 만족시키는 것이다. 그러나 대부분의 경우에 있어 세상일이 이와 같이 돌아가지는 않는다.[9] 예를 들어 보험관련 책자에서 역선택(adverse

---

결정되지 않고 확률변수에도 의존하는 경우) 위임자는 결과를 관찰하더라도 그 관찰치로부터 대리인이 얼마나 노력했는지를 구별할 수 없을 경우에 나타나는 것이다.

8 즉 보험에 가입한 사람이 가입하지 않은 사람보다 사고에 대한 주의가 부족해지는 현상을 도덕적 해이라고 한다.

9 즉 모든 인간이 지닌 정보가 동일하고 완전하다는 것은 가정에 불과하며

selection)[10]이라고 알려진 문제점을 생각해 보자. 생명보험의 경우에 피보험자는 보험업자보다 자신의 위험(건강상태)에 대해 더 잘 알고 있다. 보험업자는 어떤 보험 통계적인 근거에서 피보험자의 보험율을 선택할 것이다. 그러나 위험부담이 높은 집단(예를 들어 평균수명보다 수명이 짧은 사람들)은 평균적인 집단보다 보험에 더 많이 가입하려 하는 반면에, 위험부담이 낮은 집단은 보험에 가입하려는 유인이 적을 것이다. 그러므로 실물인 화폐로 계산하는 보험업자는 자신의 경험에 따라 보험설계수리사(전문가)보다 보험을 덜 선호할 것이다. 따라서 보험율은 인상되어야만 할 것이다.[11] 그러나 이것은 위험부담이 낮은 사람들을 보험에서 몰아내는 결과를 초래할 것이다.[12] 그러면 위험부담을 부적절하게 감추

현실적으로 불가능하다. 오히려 각 개인이 지닌 정보가 다른(정보 비대칭 또는 불균형) 것이 현실이다.

10 역선택이란 위임자가 대리인의 행태를 관찰할 수는 있지만 최적행태는 판단할 수 없다는 데서 발생한다. 그러므로 위임자와 대리인 간의 정보가 사전적으로 불균등하게 주어짐으로써 발생되는 대리문제가 역선택이고, 정보가 사후적으로 불균등하게 주어지기에 상대방의 행동을 관찰하지 못함으로써 야기되는 문제가 도덕적 해이이다.

11 보험율이 인상되는 것은 위험부담이 높은 집단의 가입은 증가하고 낮은 집단의 가입이 감소함으로서 결과적으로 보험금 지급이 증가하기에, 이에 따라 보험율이 인상된다는 것을 말한다.

12 이러한 현상에 대해 고전적으로는 '악화(惡貨)가 양화(良貨)를 구축한다'로 표현되고 있으며, 중고차 시장에서 성능이 나쁜 중고차가 성능이 좋

려는 사람들이 생겨나는 상황이 발생할 것이다. 왜냐하면 이러한 위험이 실제로 얼마나 되는지를 알 수 없기 때문이다. 이러한 문제의 본질적인 원인은 계약을 하는 두 당사자 간의 **정보 불균형**(inequality of information)에 있다.

경제주체 간의 정보 불균형에 대한 또 다른 예로 환자와 의사의 관계를 들 수 있다. 정보의 불균형은 세상에 대한 정보가 서로 다른 위임자(principal)와 대리인(agent) 간의 여러 가지 관계에서 핵심을 이루는 것이다. 그러나 정보 불균형이 존재한다는 것은 대리인이 자신이 일을 올바르게 하지 않는 것을 보증하기 위한 계약이 실질적으로 없음을 의미하는 것이다. 나는 보건경제학에 대한 연구에서, 전문적인 윤리를 가격 시스템의 실패에 의해 발생되는 괴리를 어느 정도 메울 수 있는 제도의 한 가지 사례로 간주할 수 있다는 점에 대해 논의한 바 있다.[13]

시장을 통해 위험부담을 배분하는 것이 가능한 것인지 여부는 각 경제주체들이 지니고 있는 정보구조에 의해 강력하게 결정

은 중고차를 몰아낸다는 애컬로프의 중고차원칙(혹은 레몬법칙, lemons principle)으로도 설명되고 있다.

13 즉 위임자와 대리인 간의 정보 불균형에서 발생하는 문제는 대리인이 전문적인 분야에 종사하고 있고, 또한 전문적 직업윤리(예를 들어 의사로서의 직업윤리나 전문직을 수행하고 있다는 직업의식 등)가 있다면, 대리문제(agency problems)는 어느 정도 발생하지 않을 수 있을 것이다.

된다. 여기에서 의미하는 정보구조란 어느 순간에 존재하는 지식의 상태뿐만이 아니라, 미래에 적절한 정보를 얻을 수 있는 가능성을 의미하기도 한다. 후자를 의사소통적인 용어로 말하자면 정보채널을 소유하는 것이라고 할 수 있다. 그리고 정보란 세상의 다른 부분으로부터 얻는 신호(signals)라고 할 수 있다.

그러므로 불확실성을 배분하고 위험에 대한 보장을 받기 위해 가격 시스템을 사용할 수 있는지 여부는 현존하는 정보채널의 구조에 의해 제한받는다. 다른 말로 하면, 전체로서의 시장보다 더 제한된 범위로 조직을 만드는 것이 바람직한, 비시장적인(조직적인) 의사결정의 가치는 정보흐름이라는 네트워크의 특징에 의해 부분적으로 결정되는 것이다.

그러나 정보채널의 존재와 부재는 경제 시스템에 외적으로 규정되는 것은 아니다. 채널들은 만들어질 수도 있고, 버려질 수도 있다. 그리고 채널의 능력과 이를 통해 전달되는 신호의 양식들은 선택되는 것이다. 이때의 선택은 기본적으로 비용과 편익을 비교하는 것에서 시작된다. 그러므로 이 책에서는 정보의 특징과 특히 정보채널의 비용과 효과의 어떤 일반성에 대한 검증으로 화제를 돌리려 한다. 다음 장에서는 정보 처리자로서의 조직에 대해 좀 더 구체적으로 논의할 것이다.

각각의 개인적인 경제주체는 자연적이고 사회적인 환경으

로부터 어떤 신호를 받을 능력을 지니고 경제행위를 시작하는 것으로 간주될 수 있다. 그러나 이러한 능력은 무제한적이지 않다. 즉, 정보처리능력이 부족하다는 것을 이해하는 것은 개인적인 행태뿐만 아니라 조직적 행태를 이해하는 데 있어 필수적인 측면이다. 개개인은 그 누구도 현재나 또는 미래에 받을 수 있는 신호의 범위에 대한 일련의 기대와 서로 다른 신호들을 받을 가능성을 지니고 출발한다. 기술적 용어로, 개개인은 가능한 신호들의 공간에서 이전에 자신이 받았던 정보에 대한 확률분포를 지니고 있다. 신호의 개념은 광범하게 해석된다. 분명한 결정이 이루어지지 않을 경우, 어떤 신호들은 개개인에게 자신의 결정 결과에 대한 정보를 줄 수도 있고, 어떤 신호는 결정의 기초로 사용될 수도 있다. 이런 경우 신호란 개개인이 지니고 있는 확률분포를 변화시키기도 한다. 좀 더 기술적인 용어로 말하면, 신호들의 다음의 분포는 일반적으로 이전의 분포와는 다를 수 있다. 신호들의 분포가 바뀔 수 있다는 이러한 가능성의 변화가 정보획득의 필요성을 구성하는 요인이 되는 것이다.

정보에 대한 이러한 정의는 질적인 면을 말하는 것이고, 이러한 논의는 이 책의 목적이기도 하다. 정보이론에서 정보에 대해 양적인 정의를 하는 것은 경제적 분석을 위한 제한적인 가치만을 지닌다. 또한 정보이론(information theory)에서의 관점과 동일하게, 마르샥(Marschak)이 지적한 것처럼, 서로 다른 정보들은 항상 서로 다른 비용과 혜택을 지니고 있다. 그러므로 세상에 대한 두 개의 진술 A와 B가 있을 때, 어느 것도 선험적으로 진실이거나 거짓이라고 말할 수 없다.[14] 그러면 A가 진실이라는 신호(징후)는 B가 진실이라는 진술만큼의 많은 정보를 정확하게 전달하고 있는 것이다. 그러나 A가 진실이냐 아니냐를 아는 것의 가치는 B의 진정한 가치를 아는 것보다 엄청나게 큰 것이다. 또는 A의 진정한 가치를 확인하는 데 필요한 자원은 B를 확인하는 데 필요한 자원보다 훨씬 더 많다.[15] 양자의 경우 모두에 있어, 두 개의 가능한 신호에 대해 정보 이론적으로 등가성(equivalence)이 있다고 보는 것은 두 신호의 광범위한 경제적 차이점을 숨기는 것이다.[16]

---

14 이러한 관점은 정책이란 '만일 ~라면, ~일 것이다'라는 가정(if-then hypothesis)이기에, 어떠한 정책도 선험적으로 옳은 것이라고 할 수 없으며, 항상 오류(error)의 가능성이 있다는 M. 란다우(M. Landau)의 견해와 일치한다.

15 예를 들어 A라는 정보의 가치를 아는 데 소요되는 순비용이 있을 때, A의 진정한 가치를 알기 위해서는 A와 비교되는 다른 정보들(B등)의 가치를 알 필요가 있다. 하지만 다른 정보들을 확인하는 데 소요되는 자원은 A의 진정한 가치를 확인하는 데 소요되는 비용보다는 적을 것이다.

16 예를 들어 A와 B라는 가능한 두 정보가 있다고 가정하자. 그리고 A의 가치를 파악하는 데 드는 순비용이 B의 가치를 파악하는 데 드는 순비용보다

인간에게 처음에 개방되어 있는 채널들은 새로운 채널을 만드는 것으로 확장될 수 있다. 새로운 채널의 선택 여부는 그 채널이 주는 혜택과 소요되는 비용에 의해 결정될 것이다. 정보가 주는 혜택에 관해 체계적으로 말할 수 있는 사람은 일반적으로 거의 없다. 지금까지 과감하게 언급되어온 주된 내용은 정보이용에 대한 요구가 증가하고 있다는 것과 유사하다. 예를 들어 기술적 정보가 동일한 정보의 본체(body)는 어떠한 규모에서도 생산에 이용될 수 있으며, 이와 유사한 원칙에 따라 어느 정도까지는 독점권을 지닌 생산적인 기업을 지향할 수 있는 것이다.

이제 정보채널의 설치와 운용에 필요한 정보비용에 대해 생각해 보자. 첫 번째, 가장 중요한 점은 인간 스스로가 자신의 정보채널의 투입물이라는 것이다. 특히 인간에 대한 양화(量化)가 가능하다면, 인간은 정보채널의 주요한 투입물이다. 즉각적이거나 또는 궁극적으로 정보는 감각기관을 통해 인간의 머리에 들어오게 되지만, 인간의 머리와 감각은 능력이 한정되어 있다. 정보는 파일로 축적될 수 있지만, 의사결정에서 사용되기 위해서는 다

많다고 하자. 이 경우 정보 A 또는 B의 진정한 가치를 알기 위해서는 이에 비교되는 다른 정보(B 또는 A)의 가치를 파악해야 한다. 그러므로 정보 이론적으로는 A와 B의 순비용이 차이가 있다 해도, 두 정보는 등가성이 있다고 볼 수 있는 것이지만, 등가성은 결과적으로 A와 B의 경제적인 차이점을 감추는 것이기도 하다.

시 찾아내야만 한다.[17] 심리학에서는 인간의 감각인지능력의 한계와 정보처리자로서의 인간의 한계에 대해 많은 연구들을 하고 있다. 전통적인 생산 활동보다도 정보처리에 있어서 고정된 계수에 대해 논하려는 것은 아니다. 특히 컴퓨터와 같은 대체적인 다른 요소들이 인간의 심리적 능력을 보완할 수 있는 것이다. 그러나 정보를 획득하고 이용하는 데 있어서의 한정된 인간의 능력은 정보처리에 있어 고정된 요소이며, 다른 정보자원을 증가시키려면 그 외의 다른 요소들이 감소되는 것을 감수해야 한다. 조직이론가들은 '통솔의 범위(span of control)'라는 명목 하에 이러한 종류의 한계에 대해 벌써 오래전부터 인지해왔다.

정보비용의 두 번째 주요한 특징은 이것이 부분적으로 자본비용(capital costs)이라는 점에 있다. 좀 더 구체적으로 말하면, 정보비용은 한번 투자되면 회수할 수 없다. 본서에서는 더 이상 의사소통, 전화 등과 같은 정보비용의 물리적 측면에 대해 많은 비중을 두지는 않는다. 비록 그것들이 실제로 무시할 정도의 비용이 아닌 것은 사실이고, 또한 구체적이고 납득할 만한 패러다임을 제공하고 있다고 해도 그러하다. 그보다 본서에서는 하나의 신호를 다른 신호와 구분할 수 있게 하는 시간과 노력에 대한 적절한

17 이러한 점은 휴리스틱(heuristic)의 개념으로도 설명되고 있다.

투자의 필요성에 대해 생각하고자 한다. 외국어를 공부한다는 것은 내가 지금 가슴에 지니고 있는(말하고 싶은) 것의 단적인 예이다. 프랑스어에 대한 신호를 받을 수 있는 실질적인 능력은 프랑스어에 대한 초기 투자를 필요로 한다. 메시지를 받기 위해 학습해야만 하는 코드의 예는 실질적으로 많다. 각 학문분야에서 사용되는 기술적인 어휘(용어)가 바로 그 단적인 예이다. 여기에서의 이슈는 수많은 가능한 코딩 방법들 중 하나를 사용하는 것이 경제적이라는 것을 누군가가 알아냈다는 것이며, 어느 인간에게 있어서도 이것을 획득하기 위한 초기 투자가 필요하다는 것이다.

그러나 코드가 신중하게 설계되지 않았을 때, 코드를 이해하기 위해 초기 시도가 필요해진다. 어느 영역에서든지 경험적인 과학자는 자연의 신호를 해석하기 위해 사전관찰을 해야만 한다(또는 역시 투자를 포함하는 다른 것들로부터 배워야 한다). 이와 유사하게 E. H. 곰브리치(E. H. Gombrich)가 주장했듯이, 우리가 예술의 특정학파를 이해하는 것과 그리고 예술가 스스로에 의한 이해는 그것을 얼마나 친밀하게 대하느냐 하는 정도에 달려있다. 그러므로 예술적인 비전이 처음에 나타나고 유포되는 데 있어서의 개혁이란 순환성을 띠는 경향이 있다. 그리하여 예술의 특정 학파가 좀 더 친숙하게 됨에 따라, 유사한 신호가 지닌 명성의 가치가 감소하게 되고, 새로운 신호를 이해하는 능력(즉 새로운 전통으로부터의 출발)은 증가하게 되는 것이다.

이러한 방법으로 정보의 자본적 측면에 대한 공식화를 시도할 수 있다. 지금까지 알려지지 않는 신호는 그 자체로는 쓸모없는 것이다. 이것은 기존의 어떠한 확률분포를 변경시키는 것은 아니다. 그러나 측정될 수 있거나 또는 적어도 평가될 수 있는 좀 더 친숙한 신호들과 새로운 신호 간의 관계에 대해 사전 표본실험을 하게 되면, 새로운 유형의 신호들은 좀 더 가치 있는 것이 될 수 있다. 과학적 용어로 이것은 '교육'을 뜻하며, 실제를 대신하는 이러한 실험은 투자행위인 것이다.

인간의 마음속에 채워져 있는 그러한 투자는 분명히 돌이킬 수 없는 것이다. 물론 한 개인이 자신에게 투자한 것을 다른 사람에게 전이할 수도 있다. 그러나 자기 자신에 대한 투자는 궁극적으로 개인의 소유로 남게 되고, 그 자신과는 분리될 수 없는 것이다. 물론 돌이킬 수 없는 대부분의 투자처럼, 투자가 시간이 지남에 따라 평가절하된다 해도 그렇다.

지난 20년 동안, 돌이킬 수 없는 투자(irreversible investment)에 대한 이론적인 연구들이 발전되어왔다. 자본재에 대한 수요가 끊임없이 증가하는 미래가 있으면, 투자의 돌이킬 수 없는 성질은 중요한 것이 되지 않을 수 있다. 그러나 변동 특히 추측적인 변동이 있을 때 돌이킬 수 없는 것은 중요한 것이 된다. 정보채널의 가치는 그 본질에 있어 불확실한 것이고, 불확실성이라는 조건 하에서 물품에 대한 수요와 유사한 경제적 문제에 직면하게 된다. 여기에서 어떤 가능한 일반화를 과감하게 하려고 한다. 첫째, 정보에 대한 투자의 요구(수요)는 정보의 가치가 확실할수록 덜하다는 것이다. 둘째, 내가 생각하기에는 더욱 중요한 것으로, 역사적인 무작위적 사건들이 최종 균형에 있어 커다란 역할을 할 것이라는 점이다.[18] 투자가 일단 이루어지고 정보채널이 획득되면, 새로운 채널에 투자하는 것보다 기존의 것을 계속 사용하는 것이 훨씬 저렴해질 것이다. 특히 이미 함축하였듯이 인간이라는 투입물이 희소하다는 것은 바로 새로운 채널을 사용함으로써 오래된 채널의 생산이 감소된다는 것을 의미하는 것이다. 그러므로 정보가 수집되는 방향에 있어서의 처음 투자한 비용(다른 말로는 처음에 시도한 헌신적 행동)은 돌이키기 어려운 것이다. 심지어 두 개의 가능한 채널들 간의 차이에 대한 기대치가 상대적으로 낮고, 후속적인 정보가 처음의 선택이 잘못되었다고 제시한다 해도, 처음에 한 결정을 번복하기란 쉽지 않다.

정보비용의 세 번째 기본적인 특징은 서로 다른 곳(방향)에서 수집된 정보비용들이 결코 동일한 것이 아니라는 점이다. 인간은 능력

18 12 · 12사태, 금융위기, 세월호 사태 등 예측할 수 없었던 무작위적 사건들이 어떤 결과(균형)에 결정적인 역할을 한 것을 예로 들 수 있다.

의 덩어리임과 동시에 축적된 정보를 지니고 있다. 이러한 능력과 지식(정보)이 있으면 어떤 특정의 정보채널에 접근하는 것이 다른 정보채널에 접근하는 것보다 더 저렴하다는 것을 쉽게 알 수 있다.[19] 그러므로 지금까지 알려지지 않은 영역을 탐구하고 있는 사람은 그가 이미 알고 있는 것과 가까운 새로운 분야를 쉽게 탐구할 수 있는 것이다.[20] 지리적인 가까움은 아주 특정한 경우이다. 이미 연구된 것과 유사한 구성요소들에 대해 화학적 분석을 하는 것은 완전히 새로운 것을 분석하는 것보다 더 저렴하다. 학습은 어떤 분야에서는 자연스럽고 저렴하게 일반화되지만, 다른 어떤 분야에서는 훨씬 더 어려워지기도 한다. 어떤 지점에서 쇼크를 받은 쥐는 그곳에서 어느 정도 떨어진 곳에 머무르는 학습을 통해 일반화를 한다. 기피효과로 인해 일정 거리가 확보되는 것이다.

공통의 접근방법이나 언어를 지닌 다른 사람들과 문자적으

19 이것은 일종의 휴리스틱(heuristic)으로서, 어떤 상황이 발생했을 때 이와 유사한 상황에 대한 정보가 인간의 인지구조(cognitive structure)에 저장되어 있다면, 예전의 정보로 그 상황에 대처할 수 있을 것이다. 그러므로 새로운 정보를 획득하는 것보다 이전의 정보를 사용하는 것이 저렴할 것은 분명한 일이다.

20 즉 새로운 분야를 탐구하는 데 있어 이와 유사한 분야에 대한 정보(지식)가 있으면 탐구하는 데 훨씬 용이하다는 것이며, 이를 대표적 휴리스틱(representative heuristic)이라고 부르기도 한다.

로나 또는 은유적으로 의사소통하는 것은 또한 쉬운 일이다. 이미 앞에서 언급한 코드학습이라는 자본적인 축적은 채널의 양 끝에서 이루어져야만 할 것이다. 핵심이론(the theory of core)이라고 알려져 있는 일상적인 경제적 분석에서는 한 산업에서의 협정들[21]이 안정적인 것이 아니라고 주장한다. 왜냐하면 그 협정에 참여한 사람들의 관점에서 보면, 그들이 선호하는 배분의 다른 대안들이 항상 존재하기 때문이다. 이러한 배분은 몇몇의 생산자와 소비자들을 포함하는 것이다. 그러나 A. 스미스(A. Smith)가 이미 제시했듯이, 동일한 거래를 하는 성원들이 그들의 보편적인 경험에서 서로 간에 의사소통하는 것이 더 쉽다는 것을 안다면, 생산자들이 하나의 일용품(가격)에 대해 협정을 하는 정보의 교환이 연합(협정)을 파기함으로써 소요되는 비용보다 더 저렴하다는 것은 자명해진다. 그러므로 협정은 실제로 안정적이 될 수 있다. (계급적 이해와 동일화의 개념은 유사한 생활경험을 지닌 개인들 간의 의사소통을 쉽게 하는 것과 연관될 수 있다)[22]

---

21 예를 들어 특정 제조업 분야의 산업체들이 동일한 제품에 대해 가격협정을 하는 것이나 또는 대기업체의 사용자들이 공동으로 임금 인상률을 결정하는 것 등을 들 수 있다.

22 유사한 계층에서 살고 있기에 이해관계도 유사하고, 생활경험이 유사할 경우 개인들 간에 동질감을 쉽게 느낄 수 있다. 이러한 상황에 살고 있는 사람들 간의 의사소통은 비교적 원활하다고 보는 것이다.

의사소통채널의 상대적 비용은 정보수집보다 인간 활동에 의해 더 영향을 받을 수 있다. 생산 활동과 일련의 정보 간에는 상보성(相補性, complementarity)이 있다. 인간은 어떤 일을 하면서 그 일을 관찰할 수 없다. 이러한 관찰은 어떤 상황에서는 생산 활동에 관한 그의 지식을 변화시키는, 소위 말하는 일하면서 배우는 신호들인 것이다. 다른 상황에서는 그것들은 우연히 수지맞는 발견을 하는 재주로 알려져 있는 현상인 의사결정의 다른 영역에 적절한 정보를 낳을 수 있다. 우리 모두는 서북항로를 찾았던 탐험가들의 업적에 친숙해져 있는 것이다.

이제까지의 논의들을 요약하면 다음과 같다. 희소자원의 활용에 대한 일반적 의미로, 정보비용은 (1) 어떤 의미에서는 인간 그 자체가 희소한 투입물이기에 인간에게 있어서의 정보비용은 증가하며, (2) 정보비용은 광범위한 돌이킬 수 없는 자본적 요소를 포함하고 있고, (3) 정보비용은 서로 다른 방향에서 변화한다.

다음 장에서는 오늘날 발전되고 있는 비용에 대한 제안을 예시하고 확장하기 위해 그리고 조직적 결정의 과정과 결과에 대한 일반적인 함의들을 검증하기 위해 조직 내에서의 정보의 역할에 대해 좀 더 구체적으로 논의할 것이다.

제3장 조직에서의 의제(議題)

THE AGENDA OF ORGANIZATION

고전적인 극대이론(maximizing theory)에서 관련된 모든 변수들의 가치가 모든 순간에 고려되고 있다는 점은 명백하다. 그러므로 모든 변수들은 조직에서의 의제(agenda)가 될 수 있으며, 변수들의 가치는 항상 선택될 수 있다. 다른 말로 표현하면, 일상생활에서의 관찰과 조직에 대한 연구에서 흔히 나타나는 것으로, 잠재적인 결정변수를 배열하는 어려움은 그 변수의 가치를 택하는 것보다 훨씬 더 크다는 것이다.[1] 연방정부가 적절한 의제라고 간주한 것도 급격하게 변화되어왔다. 또한 새로운 의제가 수요나 또는 공급의 변화에 적절하게 대응한다고 주장될 수도 없다. 즉 새로운 문제의 출현이나 또는 그 해결을 위해 새로운 기술이

1 수많은 잠재적인 변수들을 모두 분석대상으로 할 수는 없고, 잠재적 변수들의 수를 한정해야만 한다. 여기에서 잠재적 변수들 중에서 어느 변수를 분석대상으로 어떻게 배열하느냐 또는 우선순위를 어떻게 설정하느냐 하는 것이 특정 변수의 가치를 고려하는 것보다 훨씬 어렵다는 것이다.

나타나는 것과 같은 변화에 새로운 의제가 대응하고 있다고 주장될 수 없는 것이다. 실업보험은 이미 오래된 아이디어이고, 그 필요성이 대공황에서만 나타난 것은 아니다. 그러나 실업보험은 의제로 상정되지 않았던 것에서 의제화되는 것으로 급격하게 변화되고 있다. 유사한 예는 모든 종류의 조직에서 찾아볼 수 있다. 기업이 개혁을 한다는 것은 많은 경우 다른 기업이 개혁하기 전에 특정 항목을 자신(조직)의 의제로 상정시키는 문제이기도 하다. 우리는 또한 의제에 도달하는 과정에 있는 어떤 항목들을 볼 수 있다. 연방정부의 경우, 융통적인 교환율의 가능성은 적어도 의제의 영역에 들어와 있다.[2]

다른 한편으로, 한 항목을 의제로 상정하는 것에는 진정한 가치가 있다. 1946년의 고용법(the employment act)은 완전고용이 연방정부에서 처리해야 하는 의제라는 것을 언급하는 데 불과했고, 많은 사람들은 이것이 속빈 승리라고 느꼈다. 그러나 이것에

---

2 일반적으로 정부가 사회문제를 해결하기 위해 공식적 정책문제로 채택하는 과정 또는 행위를 의제설정(agenda setting)이라 하며, 이는 곧 의제의 영역에 들어와 있음을 의미한다. 즉 사회문제가 정책문제 또는 정책쟁점으로 전환되는 과정이나 행위를 의제설정이라 한다. 콥(Cobb)과 엘더(Elder)는 사회문제(social problem)가 사회적 이슈의 단계를 거쳐 공중의제(public agenda)로 발전되며, 그 다음 궁극적으로 정부의제 또는 정책의제의 지위를 얻게 된다고 하고 있다.

극단적으로 반대한 사람들이 기만을 당한 것만은 아니었다. 비록 의제화에 따른 책임을 집행하는 과정이 실제로 늦게 진행되었음에도 불구하고, 장기적으로 보아 의제에 반대한 사람들이 기만을 당하지는 않았다는 인식은 결정적인 것이었다. 일단 한 항목이 의제로 상정되면, 어느 정도 합리적인 방법으로 다루어지게 된다. 그리고 만일 이것이 가능하다면, 모든 해결책을 고려한다는 것은 무시하는 것보다 더 나은 것이다. 여기에서 나는 이러한 일반화에는 그 예외들이 있다는 점을 성급하게 부가한다. 왜냐하면 만족할 만한 해결책이 없는 문제점들이 있기 때문이다. 그러한 항목을 의제화하면 만족스럽지 않은 해결책을 낳게 되는 것이다. 그러므로 '유익한 무시(salutary neglect)'라는 원칙이 정당화되기도 한다. 그러나 무시해도 유익한 경우가 있다는 이러한 예외는 전체적으로 보아 실질적이지는 않은 것 같다. 왜냐하면 무시한다는 것은 생산적인 것이 아닌 것을 의미하며, 설사 만족스럽지 못하다 해도 해결책을 강구한다는 것은 더 나은 것을 산출하기 위해 필요한 정보 수집을 고무할 필요성이 있다는 점을 말하는 것이기 때문이다.

여기에서는 의제를 결정하는 요소들에 대해 개략적으로 언급하고자 한다. 이러한 문제는 인간에게 있어서 이미 존재하고 있는 문제이고, 인간이 앞으로 전념해야 할 부분이기도 하다. 그러나 조직의 본질과 목적이 의제를 결정하는 데 있어서 부수적인 함의를 제시하기도 하며, 특히 새로운 항목들을 도입하는 데 있어 활발하지 못한 것에 대해 함의를 준다는 것이 제시될 것이다.[3]

솔직히 말해서, 여기에서 제시되는 것은 이론이나 모형이 아니라, 그러한 모형의 형성에 필요한 일련의 고려이거나 또는 고려여야 한다. 비록 개념들을 분석적으로 다루어서 함축성이 있는 것으로 만들어내는 일이 실제로 매우 어렵다고 해도, 제시된 개념들을 형식화하는 데는 커다란 어려움이 없는 것처럼 보인다. 그러나 이 단계에서 분석적 문제에 초점을 맞추는 것을 피하기 위해, 이러한 문제(의문)들을 좀 더 광범하게 다루는 것이 적절한 것으로 보인다. 불확실성이 만연해 있고 정보채널이 풍부한 틀 안에서, 모형을 최적화하는 것이 여기에서의 관점이다. 결정은 그것이 어디에서 일어나는 것이든 간에 받아들여진 정보의 함수로 나타나는 것이다. 그러면 조직에서 받아들인 정보가 변화되지 않고 그대로 남아 있을 때, 결정이 이루어지지 않거나—무결정(no decision)이 이루어지거나— 또는 문제를 좀 더 정확하게 이야기하면, 어떤 변수들의 가치를 변화시키지 않은 함축적인 결

3 조직의 본질과 목적에 따라 의제화되는 것이 다르다는 뜻이며, 조직의 현상유지편향(status quo bias)에 의해 새로운 항목을 도입하려 하지 않고, 새로운 항목을 의제로 상정하려 해도 시간이 많이 소요된다.

정이 이루어지는 것이다. 그러므로 획득된 정보는 차례차례 분석되어야 한다. 왜냐하면 정보 그 자체가 바로 결정의 산물이기 때문이다.

물론 정보가 희소하다거나 획득하는 데 있어 비용이 든다는 것은 이러한 논점에서 필수적인 것이다. 어떠한 정보는 자유롭게 획득된다고 가정될 수도 있다. 앞으로 논의될 것처럼, 어떤 개인이나 조직에서 서로 다른 종류의 정보를 얻는 데 있어 서로 다른 비용이 든다는 사실은 조직행태의 연구에 많은 함의를 주는 것이다.

여기에서 제시된 주제는 정보채널들과 그 사용에 관련되어 불확실성, 불가분성(indivisibility) 및 자본의 강도(capital intensity) 등이 혼합되어 있다는 것은 (1) 조직의 실질적인 구조와 그 행태가 무작위적인 사건(다른 말로는 역사)에 아주 강하게 의존하는 것이고,[4] (2) 효과성만을 추구하는 것은 향후의 변화에 대해 경직되고 무책임한 것으로 이끌 수도 있다는 점[5]을 함축하고 있는 것이다.

---

4 환경의 불확실성 및 상황에 따라 조직이 결정된다는 환경결정론에서의 논의와 유사한 의미이다.

5 이러한 것의 예로 우리나라에서 경제개발을 추진하는 과정에 있어, 효과성을 최우선 행정이념으로 했기에 여기에서 정부 관료제의 경직성이 배가되고 결과에 대해 정부가 책임지지 않는 행태를 보이고 있는 것을 들 수 있다.

'결정이란 정보의 함수'임에 틀림없다. 그러므로 어떤 유형의 결정이 적절한 정보를 수집하지 않고 결정되었다면, 이러한 결정들은 의제화에 의한 결정이 아닌 것이다.

'결정되었다(decided)'는 것과 '결정(decision)'이라는 단어를 사용한 앞 문장은 두 가지 유형의 결정 사이의 차이점을 분명하게 할 필요를 보여주는 것이다. 즉 어떤 구체적인 의미에서 행동하는 것을 결정하는 것과 정보 수집을 결정하는 것이 그것이다. 이러한 구분은 통계적인 의사결정이론과 매우 유사한 것이다. 이것들은 라이퍼(Raiffa)와 슐라이퍼(Schlaifer)가 진행한 표준작업에서 각각 '최종행위(terminal acts)'와 '실험(experiments)'으로 지칭되고 있다.[6] 이것의 전형적인 예는 무작위 샘플링 검수(acceptance sampling)에서 찾아볼 수 있다.[7] 기업이나 정부는 어떤 재화를 대규모로 구입

---

6 즉 최종행위란 행동하는 것을 결정하는 것이고, 실험이란 정보 수집을 결정하는 것으로 볼 수 있다. 또한 라이퍼(Raiffa)와 슐라이퍼(Schlaifer)는 통계적 의사결정 분야에서 현대 효용이론과 주관적인 확률(개연성)은 전형적인 표본조사 문제들을 경제적으로 분석하는 데 적용될 수 있는 새로운 분석 기술들을 발전시킨 학자들이다.

7 무작위 검수란 생산을 수용할 것인가 거절할 것인가를 결정하는 데 사용되는 통계적인 표본추출이다. 이는 보통 생산품이 공장을 떠나고 나서 이루어진다. 대부분 생산자는 소비자에게 상당량의 아이템들을 공급하고, 이를 수용할 것이냐 거절할 것이냐는 전체 중 표본에서 나오는 불량률에 의해 결정된다. 불량률이 허용치 아래면 수용될 것이고, 그렇지 않으면 거절될 것이다.

한다. 재화의 질은 항목별로 변할 수 있다. 재화를 구매하는 전형적인 절차는 일련의 재화가 도착하면, 표본을 고르고, 그 안에 있는 각각의 항목들을 테스트하며, 그 표본에서의 결과를 기초로 전체를 받아들이거나 또는 거부하는 것이다. 이러한 의미에서 표본추출과 검사는 실험을 구성하는 것이며, 수용할 것인가 아니면 거부할 것인가를 결정하는 것은 최종적인 행위이다. 만일 검사비용을 고려한다면, 모든 항목들을 전체적으로 검사하는 것보다 하나의 표본을 검사하는 것이 평균적으로 더 저렴할 것이다. 실험과 최종적 행위는 자원의 효용화에 있어 모두 적절하게 필요한 것이다. 실험은 비용이 들기에 자원효용에 있어 함의를 지니고 있고, 최종적 행위는 조직에 혜택을 주느냐 아니냐 하는 결정을 하는 것이기에 함의를 지니고 있는 것이다. 실험은 즉각적인 혜택을 낳지 않을 수 있다. 그러나 조직에 좀 더 많은 정보를 제공함으로써 최종적 행위를 개선하는 도구적 가치를 지니고 있다.[8]

실험과 최종적 행위라는 두 단계가 지닌 자원적 효과가 부가적인 것이라면, 실험과 최종적 행위 간의 구분은 엄격하게 이

8 즉 실험이란 정보수집에 해당하는 것이기에 직접적인 결과나 이익이 발생하지 않는 것이지만, 그러한 정보를 최종적 행위라는 결정에 제공함으로써 결정이 더 나아질 수 있는 도구나 수단으로서의 역할을 하는 것이다.

루어질 수 있다. 이러한 부가성(additivity)이 항상 분명한 것이 아니라 해도, 이것은 제안적인 것이다.

조직에 서로 다른 수많은 결정영역이 있다고 간주해 보자. 그리고 그 결정영역들 내에 실험과 최종적 행위의 영역들이 있을 가능성이 있다고 간주하자. 더 나아가 이러한 결정영역들은 충분하게 독립적인 것이어서, 서로 다른 영역에서의 최종적 행위들의 가치는 다소간 부가적인 것이라고 간주하자. 결정영역은 능동적(active)인 것일 수도 있거나, 감독되는(monitored) 것일 수도 있고 또는 수동적(passive)인 것일 수 있다. 능동적 영역에서는 실험이 수행되고, 실험으로부터 신호들이 받아들여지고, 그리고 신호의 함수로서 최종적 행위가 선택된다. 감독되는 영역에서는 수행되는 몇몇의 실험들이 있지만, 실험에 따라 수용된 신호가 너무도 적은 정보를 전달하기에 최종적 행위를 수행할 수는 없다. 그러나 수용된 신호 중 적절한 신호가 있으면, 최종적 행위를 의제화하는 데 있어 충분한 정보를 줄 것이기에 다음 실험을 하는 것이 최적이 된다. 마지막으로 수동적 영역에서는 아무런 실험도 수행되지 않으며, 그에 따라 실험이나 최종적 행위 모두가 의제로 상정되지 않게 된다.

이러한 유형들 간의 결정영역을 구분하는 문제는 각 유형들의 상대적인 혜택과 비용에 따라 결정된다. 유형들의 기대혜택에 대해 일반적으로 말할 수 있는 방법은 거의 없다. 그러나 제2장에서 시도한 정보비용의 분류는 어떤 설명력을 줄 수 있을 것이다. 한 개인이 증권에 관한 포트폴리오 중 어느 하나를 선택한다고 고려해 보자. 그가 아주 능동적으로 투자하는 증권의 유형이 있을 것이다. 그는 이에 대해 긍정적인 투자의지를 지니고 있거나 또는 적어도 그러한 증권의 유형들을 아주 면밀하게 관찰하고 있기도 할 것이다. 그러면서 투자할지의 여부에 대한 결정을 차분하게 생각할 것이다. 투자자는 기업 활동에 대한 보고서를 보면서 시장가격을 관찰하고 있을 것이다. 증권투자의 두 번째 부류는 소위 말하는 곁눈질하는 사람들이다. 그는 가끔 가격을 체크하고 상대적으로 엉성한 정보를 관찰한다. 만일 흥미 있는 이동이나 다른 정보가 나오면, 감독의 강도를 증가시키고 능동적 집단으로 증권투자를 이동할 것이다. 결론적으로, 그는 가장 많은 이익을 주는 증권이 어떤 것이냐 하는 점에는 주의를 기울이지 못할 것이다.

정보비용을 분석함으로써 증권들을 하나의 그룹이나 다른 그룹으로 분류할 수 있는 체계적인 판단이 이루어진다. 이전의 경험을 지니고 있거나 또는 현재의 생산관계를 알고 있음으로써 특정 회사나 산업에 친밀감을 지닌다는 것은 어떤 증권에 대한 정보가 다른 것보다 더 저렴할 것이라는 점을 의미하는 것이다.

투자자는 증권투자에 대한 신호를 더 잘 이해할 수 있게 하는 배경을 지니고 있다. 정보가 강력한 자본적인 요소를 지니고 있다는 것은 곧 특정 투자자가 증권의 한 항목을 선택하였을 경우 그는 그 집단 내에 머물 것이라는 것을 의미한다. 왜냐하면 동일한 증권에 관해 투자되는 부수적인 정보비용은 다른 증권에 대한 투자가 의미 있는 것이 되기 위해 소요되는 초기정보의 획득비용보다 저렴하기 때문이다.[9]

사람들은 정보가 저렴한 증권을 모니터하려고 한다. 왜냐하면 그러한 정보의 획득은 다른 활동에 보완적인 것이기 때문이다. 그러므로 그가 처음에 관심을 가진 증권을 분석하기 위한 배경으로서, 그는 다른 증권에 대한 정보를 수집하려고 할 것이다. 이런 생각을 지닌 집단의 견지에서 보면, 이러한 과정은 비용이 적게 들어가는 것이다. 증권 브로커나 그와 유사한 사람들이 제공하는 전문적인 정보서비스의 도움을 광범위하게 받을 수 있다. 만일 정보가 적다고 하면, 동시에 그들은 더 상세한 정보를 제공하기도 한다. 기업 상황에 대한 것들은 본질적인 관심사이고 또한 비용이 소요되는 것은 아니기 때문에, 기업 상황에 대한 일반적인 뉴스의 소스는 아주 단순하게 해석되기도 한다. 그

9 이는 처음에 특정 증권에 투자하여 정보를 얻게 되면 그 이후에 그 증권에 대한 정보비용이 새로운 증권에 대한 정보비용보다 적다는 것을 말한다.

러나 이러한 것들도 증권을 모니터하는 데 있어서의 구성요소가 되는 것이다. 마지막으로 사업 관계분야와 관련을 지닌 단순한 사회조직들도 정보의 근원이 될 수 있으며, 더 강력한 것이 될 수도 있다. 왜냐하면 개인적인 영향력들을 더 신뢰하는 증거들이 많이 있기 때문이다. 이것은 곧 주관적으로 측정했을 때, 주어진 비용 내에서 개인적인 영향력들이 더 많은 정보를 전달한다는 것을 의미한다.

그러면 우리는 개개의 의제가 변화하는 것을 어떻게 기대할 수 있는가? 즉, 한 계층에서 다른 계층으로 결정영역이 어떻게 변화되는가? 모니터링 과정은 그러한 과정의 부분을 정형적으로 설명해준다. 조금씩 관찰되는 수많은 잠재적인 결정영역이 있다. 모니터링에 대한 전통적인 예로는 산업체에서 상품의 질을 통제하는 과정을 들 수 있다. 상품의 질은 표본을 기초로 하여 검사된다. 그 결과가 만족스러우면, 그 이상의 것은 이루어지지 않는다. 그러나 질의 저하가 나타나면, 기계가 수리되거나 또는 교체되는 것과 같은 가능한 우연성 내에서 그 원인에 대한 좀 더 철저한 조사가 이루어진다. 그러나 예상되는 가능성의 결과로서 의제의 변화 이상의 것이 분명하게 이루어진다. 하나의 가능성은 최종적 행위에 대한 상금(payoffs)에 있어서 분명한 변화가 있다는 것이다. 특히 현재의 행동에서의 변화에 기인하는 편익의 변화인 기회적 편익(opportunity benefit)은 검증되지 않은 행동에 대한 급부가 감소하기 때문에 증가할 수 있다. 평범한 용어로 우리는 '위기(crisis)'를 지니고 있는 것이다. 윌리엄 제임스(William James)의 용어로 '강제적 사실(coercive fact)'이 변화로부터 얻는 잠재적 편익에 관한 어떠한 숙고보다도 더 설득력 있는 것이 될 수 있는 것이다. 타이타닉 호의 침몰로 인해 빙산에 대한 순찰이 이루어진 것이다.[10]

의심의 여지없이 상금에 있어서의 변화는 상금이 실질적으로 변화하는 것이라기보다는 인식의 변화일 수 있다. 현재의 생태학적 관심은 실질적인 문제의 발전보다도 더 급속하게 발전되어왔다. 그렇다고 실질적 문제가 중요하지 않다는 것은 아니다. 많은 이유들 중 한 이유로 인해 정보(신호)의 가격이 내려가는 일이 가끔 발생할 수 있다. 이것을 단순하게 임계효과(threshold effect)라고 부를 수 있다. 임계효과란 어떤 포인트까지는 효과가

10 현재에 있는 확실하고 강제적인 사실에 따른 편익(기회적 편익)이 잠재적으로 내재되어 있는 편익보다 더 설득력이 있다는 의미로, 예를 들어 고스톱에서 3점이 났다는 강제적 사실이 고를 함으로써 얻을 수 있는 잠재적 편익보다 높다는 것을 들 수 있다. 또한 침몰하지 않는 배라는 인식의 타이타닉 호가 침몰했다는 강제적 사실은 빙산에 의해 배가 침몰할 수 있다는 것을 보여주었기에, 현재의 편익을 증진시키기 위해 빙산의 유무에 대한 순찰이 이루어진 것이라고 할 수 있다.

나타나지 않지만, 그 포인트를 넘어서면 효과가 분명해지는 것을 말한다. 예를 들어 오염의 효과나 또는 유가증권에 대한 낮은 성과가 관찰이나 실험에서의 투자 없이 분명해지는 경우가 이에 해당한다.[11] 어떤 경우에 있어 어떤 개개인들은 자신에게 고유한 이유 때문에 신호들을 저렴하게 공급하기도 한다. 모든 유형의 개혁가나 선동가가 이러한 사람들에 해당된다. 의심의 여지없이 가격과 가치구조가 적절할 때만 그들의 작업이 번창하지만, 비록 준비되어 있다 해도 횃불은 다른 어떤 사람이 여전히 들어야만 하는 것이다.

의제 변화의 또 다른 원인은 임시적으로 사용되는 모형이 있음에도 불구하고 정보채널이 앞에서 간주했던 결정영역의 부분과 간단하게 연결되지 못하는 점에 있다. 아주 다른 정책적 함의를 지닌 신호들은 그 기원에 있어 긴밀하게 상호연결된 것일 수 있으며, 동일한 채널로 받아들여질 수도 있는 것이다. 또는 하나의 목적을 위한 실험에 부가적인 비용을 조금만 더 부담하면 다른 최종적 행위에 적절한 부수적인 정보를 얻을 수도 있을 것이다. 흥미를 끄는 패러다임은 기회적인 대체(opportunistic

11 또 다른 예로 작업시간에 대한 불량률에 있어 일정시간 동안은 불량률이 거의 없다가, 그 지속의 정도가 인간으로서 집중할 수 있는 임계점을 넘어서면 불량률이 급증하는 것을 들 수 있다.

replacement)라는 개념이다. 미사일과 같이 매우 복잡한 기계에 있어서 하나의 하위단위에서 나타날 수 있는 역기능을 점검하는 검사를 하려고 할 때, 다른 하위단위들을 검사하면서 그 검사로 점검을 대체하는 것이 훨씬 저렴해지는 것이 이에 해당한다.

다시 조직의 의제를 결정하는 요소들로 관심을 돌려보자. 이미 언급했듯이, 조직의 기능적 역할은 공동행위로 인해 보다 우월한 생산성의 이점을 지니는 데 있다.[12] 기업의 내적 경제를 토론하는 데 있어, 이러한 관점은 여기에서 최종적 행위라고 지칭한 것과 관련된 관습적인 것이다. 그러나 실험, 즉 정보채널과 관련되어 이러한 관점은 좀 더 타당한 것이 된다.

조직은 어떠한 개인보다 더 많은 정보를 얻을 수 있다. 왜냐하면 조직은 서로 다른 시도를 하는 많은 구성원들을 지니고 있기 때문이다. 그러므로 개인능력의 한계가 조직화로 극복될 수 있다. 그러나 조직운영에는 항상 비용이 지불된다. 실제로 U-자형의 가격곡선에 대한 오래된 토론으로 이에 대한 적절한 고려가

12 개별적 행동보다는 개체들의 합인 조직(집단)행동의 생산성이 높다는 것이며, 이의 단적인 예는 개별생산보다 분업화에 의한 생산성이 높은 것을 들 수 있다. 이러한 점이 합리적 개인들이 집단을 형성하는 하나의 이유에 해당한다.

이루어지기도 한다.[13] 정보가 조직에 어떠한 유용성을 준다면, 그 정보는 조정되어야만 한다. 좀 더 공식적으로 말하면, 의사소통의 채널이 조직 내에서 창조되어야 하는 것이다.

조직의 어느 구성원이 받은 모든 정보가 다른 모든 사람들이나 또는 심지어 한 명의 장(長)에게 전해진다면, 정보처리비용에 있어서 이득이 없게 된다. 실제로 손실이 있게 되는데, 기업 내에 부수적인 정보채널이 있기 때문이다. 조직에서 정보의 경제화가 이루어지는 이유는 받아들여진 많은 정보들이 실질적으로 부적절하기 때문이다. 조직의 능력 내에 있는 최종적 행위에서는 세상 상태에 대한 모든 확률분포의 평가를 요구하는 것이 아니라, 이로부터 파생된 한계분포만을 요하는 것이다. 그러므로 일반적으로 조직의 한 성원이 받은 정보는 최종적 행위를 선택하는 데 있어서 그 정보가 줄 수 있는 가치를 잃지 않고 훨씬 더 적은 양으로 변형되어 재전달될 수 있다.[14] 이러한 것의 한 예

---

13 시장경제에서의 개별 단위들 간의 가격결정과 정보 교환에는 많은 비용이 소요되는 반면, 조직화를 하게 되면 이러한 비용은 감소하여 조직화에 따라 가격(비용)곡선은 우하향 형태를 띤다. 반면에 개별 단위들은 조직유지비용이 들어가지 않고 조직이 형성된 이후 조직화의 정도에 따라 조직유지비용 곡선은 우상향의 형태를 취한다. 그러므로 두 곡선을 합하면 전체 가격(비용) 곡선은 U-자형의 모습을 형성하는 것이다.

14 즉 그가 받은 수많은 정보들을 그대로 모두 전달할 수도 없고 또한 해서도 안 된다. 왜냐하면 정보들의 가치 여부, 다른 구성원(상사)들이 필요로 하

로서 통계학 이론에서 가치의 손실 없이 정보를 줄이는 것을 들 수 있다. 이런 경우 어떠한 최종적 행위의 가치는 내재된 분포의 매개변수(parameters)에만 의존하는 것이지, 표본에서 관찰된 가치에 의존하는 것은 아니다. 그러므로 매개변수에 관한 정보를 망라하고 있는 표본의 한 가지 기능의 가치들을 전하는 것으로 만족해야 하는 것이다.[15]

정보처리에 있어서 조직의 효용성은 바로 정보를 재전달 시 정보를 축소할 수 있다는 것으로 설명된다. 왜냐하면 정보란 비싼 것이기에, 정보가 내적으로 전달되는 데 있어서 이를 줄이는 것이 일반적으로 적절하기 때문이다.[16] 즉 내적인 의사소통채널을 경제화하기 위해 최종적 행위를 선택하는 데 있어서 어느 정도의 손실을 감수해야 하는 것이다. 내적인 의사소통구조들을 적절히 선택하는 것은 아주 어려운 문제이다. 항상 그런 것은 아

는 지의 여부 등에 따라 정보를 재구성하고 여과하여(filtering), 적은 규모로 재정비되어 전달된다는 것이다. 그러나 여기에서 파생되는 문제점은 정보가 재정비되는 과정에서 행위자의 자의적인 판단이 개입됨으로서 정보의 왜곡이 발생할 수 있게 된다는데 있다.

15 즉 표본에서 관찰된 모든 정보가 최종적 행위에 영향을 주는 것이 아니라, 표본의 정보 중에서 파라메타에 관한 것만이 최종적 행위에 영향을 준다는 것이다.

16 수많은 정보의 홍수 속에서 이 모든 정보를 여과 없이 전달하게 되면 정보처리비용이 증가할 것이며, 이에 따라 조직의 효용성이 감소될 것이다.

니지만, 이것은 사회주의 경제에 내재된 커다란 모순이기도 하고, 또한 팀에 대한 마르샥(Marschak)과 래드너(Radner)의 이론에서 아주 깊게 탐색된 것이기도 하다.[17]

일반적으로 적절한 모든 정보를 전달하는 것이 최적이 되는 것은 아니기에, 각 구성원은 현 상황에서 전달하기에 가치가 없다고 판단되는 정보는 비축해둔다. 이러한 정보는 이를 보충해주는 다른 신호(조짐 또는 징후)를 받음으로써 후에 가치 있는 것으로 판명될 가능성이 있다. 이러한 정보가 사용될 것인가의 여부는 여러 가지 요인들에 달려 있다. 이 요인들 중에는 기억장치나 파일저장 및 후속적인 수정으로 시간이 경과함에 따라 정보 전달비용이 저렴해지는 것이 있다. 이는 전달되지 않았던 다른 경험을 지닌 조직의 서로 다른 구성원들이 새로운 신호들을 서로 다른 방법으로 해석할 가능성을 야기한다. 여기에서 외부 환경이 상당하게 변해왔던 조직에서 정보의 능률성을 줄이는 흥미로운 함의들이 나타나는 것 같다.[18]

---

17 마르샥과 래드너의 팀 이론은 불확실성 하에서 한계비용의 계산이나 복수의 개인들 간의 구체적인 의사결정과정을 정교하게 묘사한 것으로, 의사소통구조들의 선택에 관한 것이기도 하다.

18 서로 다른 경험과 선호를 지닌 구성원들은 동일한 정보도 서로 다르게, 특히 자신에게 유리하게 해석하는 경향이 강하기에, 구성원들 간의 동일한 정보의 상이한 해석은 결과적으로 조직에서의 정보의 능률성을 저하시킬

내적인 정보채널들은 각 조직마다 고유하게 만들어지는 것이고, 정보채널의 구조는 비용 최소화라는 관점에서 선택될 수 있다. 특히 한 채널의 능률성은 적합한 코드를 선택함으로써 증진될 수 있다. 이 용어는 글자 뜻 그대로도 그리고 은유적으로도 사용된다. 여기서 말하는 코드란 공식적인 규칙으로 기술되건 되지 않건 간에, 정보를 전달하기 위해 알려진 모든 방법을 언급하는 것이다. 정보이론에서 잘 알려진 바와 같이, 코드의 적합성 여부는 서로 다르게 코드화된 신호들을 전달하는 비용에 의해 결정될 뿐만 아니라, 가능한 신호들의 사전분포에 의해 결정될 것이다.

코드화가 지니고 있는 역할은 두 가지 경제적 함의를 지니고 있다. **(1) 코드화의 역할은 작동규모에 따라 비용이 증가하는 경향을 약화시킬 수 있지만 그 비용을 제거하는 것은 아니다.**[19] **(2) 코드화는 조직이 내적으로 돌이킬 수 없는 자본투자를 하게 한다.**[20] 첫 번째

것이다.

19 조직규모의 증가에 따라 조직유지비용이 증가하겠지만, 이는 코드화(매뉴얼화 또는 프로그램화 등)에 따라 증가경향을 약화시키거나 줄일 수도 있을 것이다.

20 코드화가 진행됨에 따라 많은 자본이 투자되고, 한번 코드화가 이루어지면 번복하기 어려운 돌이킬 수 없는 투자가 되는 것이며, 이러한 관점은 매몰비용(sunk cost)의 개념으로도 설명되고 있다.

관점과 관련하여, 규모가 증가함에 따라 조직이 얻게 되는 이득은 그 구성원들의 서로 다른 실험, 즉 전문화를 하는 것에서 파생된다. 제2장에서 개인에 대한 정보의 경제에 대해 논의하면서 알아보았듯이, 이것은 조직구성원들이 전문화되고 다른 곳에서는 배우지 못하는 것을 배우면서, 정보처리에 있어서 서로 다른 유형의 기술들을 축적한다는 것을 의미한다. 그 결과 구성원들 간의 의사소통은 (학술적 전문가들이 배우는 것처럼) 점점 더 어려워진다. 그리고 내적인 의사소통에서 사용된 코드들은 점점 더 복잡해질 것이 틀림없다. 그러므로 코드화가 개개인들의 수많은 공유된 정보자원들을 유용하게 할 것이지만, 작동규모가 증가함에 따라 종국적으로 비용은 증가하게 되는 것이다.

두 번째 관점과 관련하여, 조직에서 한 개인이 코드를 배운다는 것은 그에게 있어서는 돌이킬 수 없는 투자행위라는 점을 이미 언급했었다. 그러므로 이것은 조직의 입장에서 보면 자본축적을 돌이킬 수 없게 하는 것이기도 하다. 코드를 바꾸는 비용이 예기치 못한 쓸모없는 비용이 되기 때문에, 이는 조직이 일단 만들어지면 분명한 주체성을 지니게 됨을 말하는 것이다.

베커(Becker)와 그 밖의 사람들은 기업에서 필요로 하는 인적자본을 축적하는 데 있어, 그 기업에 특별히 필요한 부분을 훈련하는 것이 중요한 점이라고 주장해왔다.[21] 기업에서 필요로 한다는 것은 그 기업에 대한 그의 가치를 증진시키기 위해 그에게 정보를 투입하는 것을 의미하며, 이러한 정보투입은 다른 기업에게는 의미가 없는 것이다.[22] 만일 노동의 기능이 서로 다른 기업에서 광범위하게 공유된 자본재 생산에 협조하기 위한 것이라면, 모든 훈련은 실질적으로 일반적이어야 할 것이다.[23] 그러나 기업 내에서 정보채널과 정보채널을 통해 정보를 전달하기 위해 코드를 배운다는 것은 단지 해당 기업에서 내적으로만 가치 있는 기술인 것이다.[24]

---

21 이것은 특정 기업에서 구성원들에게 그 기업의 고유한 기업문화와 기술 등을 강조하여 학습시킴으로써 그 기업에서 필요로 하는 인적자원을 만드는 기업교육에 잘 나타나 있다.

22 예를 들어 특정 기업 사람(~맨)을 만들기 위해 구성원(특히 신입사원)들에게 그 기업의 문화 정보들을 투입하는 것은 다른 기업의 구성원에게는 필요가 없다는 의미로 해석될 수 있다.

23 이는 모든 기업에 공통적으로 적용가능한 일반적인 교육훈련을 말한다. 여기에 해당하는 예로는 전문계 고등학교에서의 직업실무교육이나 현장교육 또는 직업훈련원에서의 교육 등을 들 수 있으며, 대부분의 대학교육도 일반적 지식(기술)을 습득시키는 것이다.

24 대부분의 사람들은 일반적 · 공통적인 교육훈련을 받고 기업에 들어가지만, 기업마다 사용하는 기술이 다르다. 여기에서 학교교육과 기업에서 원하는 교육과의 괴리가 발생하며, 신입사원이 들어오면 기업에 맞는 교육을 다시 시킨다. 여기에서 기업 고유의 정보채널을 이해하고 전달하기 위해 해당 기업 고유의 기술—J. 톰슨(J. Thompson)은 이를 기술적 핵심

기업이론에서 종종 의문을 지녔던 것처럼, 코드에서의 훈련이 양도될 수 있도록 모든 기업들이 동일한 코드를 갖지 않는 이유가 무엇인가를 물을 수도 있다. 이러한 결합 가능한 상황에서, 첫 번째로 모두에게 공평하게 좋은 수많은 적합한 코드들이 있을 수 있다. 그러나 한 기업에 유용한 존재가 되기 위해서는 올바른 코드를 아는 것이 중요하다. 여기에서의 상황은 셸링(Shelling)이 매우 강조해왔던 조정게임(games of coordination)[25]에서의 상황과 매우 유사하다. 만일 두 사람이 여행 중에 서로 의사소통을 하지 않고 만나는 것이 더 가치 있는 일이라면, 만날 장소가 미리 합의되어 있어야만 한다. 어디에서 만남이 이루어져야 하는지는 중요하지 않다. 그러나 하나의 만남의 장소를 알고 있는 사람은 다른 장소를 선택한 조직을 이용하지 않을 것이다.[26]

두 번째는 조직의 역사 문제이다. 코드는 기업이 만들어진 시기에 최선의 기대에 부합하여 결정된다. 이미 앞에서 논의했

(technical core)이라고 함—을 학습시켜야만 하는 필요성이 발생한다.

25 조정게임이란 게임에 참여한 어느 행위자도 지배적 전략을 지니지 못한 게임으로서, 갈등과 경쟁의 요소가 없는 순수한 협동문제에 관한 게임을 말한다.

26 예를 들어 특정 장소에서 만나려고 하는 사람이 그 장소에 대한 정보를 충분히 지니고 있다면, 다른 장소를 추천하는 사람이나 조직의 말을 듣고 택하지는 않을 것이다.

듯이, 코드란 기업의 한 부분 또는 좀 더 일반적으로 조직의 자본이기에, 한번 주어진 조직의 코드는 일순간에 바뀌는 것이 아니라 시간이 지남에 따라 단지 서서히 수정된다.[27] 그러므로 서로 다른 시기에 출발한 조직의 코드들은 만일 그 조직들이 경쟁관계에 있다 하여도 일반적으로 서로 다른 것이다.[28] 실제로 동시에 기업에서 출발한 개개인들도 서로 다른 사전분포와 그에 따른 서로 다른 코드를 지니고 있다.[29]

조직 내에서 상호간의 이해 가능한 코드가 필요하다는 것은 참여자들의 행동의 통일성을 요구하는 것을 의미한다. 이미 앞에서 기술한 정보전달과정에서 살펴보았듯이, 조직구성원은 코드로 전달될 수 있는 정보에 있어서 전문화되어 있기에, 그들은 자신들이 활동하는 방향에서는 좀 더 많은 것을 배우지만, 코드에 적합하지 않은 정보의 획득 · 전달에 대한 능률성은 떨어지게

27 이는 조직에서의 변화가 개혁적으로 이루어지는 것이 아니라 점증적으로 이루어진다는 뜻으로, 특히 다원화된 민주사회의 조직에서는 더더욱 그러하다.

28 이는 상황적응이론(contingency theory)에서 모든 조직들은 설사 경쟁관계의 유사한 조직이라 하더라도 각 조직이 처한 상황이 모두 다르기에 조직화 방법과 조직관리 및 조직의 핵심기술 등이 다르다는 관점과 일맥상통한다.

29 조직마다 코드들이 다른 것처럼, 동일 조직에서의 구성원들도 서로 다른 코드들을 지니고 있다.

된다.[30] 그러므로 조직 그 자체가 그 구성원들의 행동을 수정하게 하는 것이다.

이러한 과정은 조직행동에 있어 흥미 있는 함의들을 지니고 있다. 조직의 코드는 코드의 일차적 기능에 의해 가장 강력하게 지배를 받는다고 볼 수 있다. 그러나 조직은 일반적으로 많은 기능들을 갖고 있으며, 이것들은 조직의 주된 기능에 보조적인 것이지만, 조직의 복리를 위해 중요한 것일 수도 있다. 그러므로 몇몇의 이차적인 기능들을 조직에 부가하는 것도 바람직한 것이라고 생각할 수 있다. 왜냐하면 이차적 기능들의 수행(완성)이 주된 기능에 대한 보완적 요소로 기능할 수 있기 때문이다. 그러나 일차적 기능에 있어서는 적절한 코드가, 부수적이거나 이차적인 기능에 있어서는 부적절한 것이라면 조직은 그 기능을 올바르게 수행하고 있는 것이 못된다. 버튼 클라인(Burton Klein)은 미간행된 원고에서 이것에 대한 한 예를 제시했다. 군대의 일차적 기능은 사전에 계획된 일정표에 따라 조정이 이루어지는 상황에서 수많은 사람들과 자원들을 조정하는 데 있다. 군사무기에 대한 조사와 개발은 현시대에 있어서는 부수적인 중요한 서비스이다.

---

30 즉 자신의 전문영역의 코드에서 자신의 전문성과 같은 방향의 정보들은 수용하면서 많이 배우겠지만, 그렇지 않은 정보들은 자신의 전문성 코드에 적합한지의 여부를 판단하기가 어렵기에 능률성이 떨어진다는 것이다.

그러나 클라인이 주장했듯이, 군대는 군대적인 생각을 하고 있고 그에 따라 미래의 예측 가능한 시점에 성취하기를 기대하는 사람들에 의해 움직이는 경향이 있다. 물론 실제로 어느 정도의 불확실성이 있을 때 조사와 개발은 정보 수집을 하는 하나의 예이고, 성취도가 예측 가능한 것도 아니다. 그 결과 서머스(Summers)가 보여주었듯이, 정확하게 계획된 일정표가 극적으로 이루어지지 않기도 한다. 만일 처음부터 불확실성이 계산되었다면, 최종적으로 소요되는 비용은 처음에 계획했던 것보다 훨씬 더 많아질 것이다. 클라인은 군대에서의 조사와 개발 업무를 군대의 통제에서 제거해야 하며, 이것을 독립된 시민기관의 손에 주어야 한다는 해결방안을 제시하고 있다.

현존하는 조직에 새로운 기능들을 부가하는 것이 어렵다는 것의 예는 회계와 예산을 담당하고 있는 현 부서에 관리통제기능을 부가하는 경향에서 제시되고 있다. 과학적 의사결정의 양적인 기초가 전통적인 통계학과 너무도 깊게 중복되기에, 이러한 두 기능을 연결함으로써 경제성을 살릴 수 있다고 보이기도 한다. 그러나 실제로 두 분야의 목적이 심각하게 다르며, 그에 따라 세상을 보는 방법인 코드 역시 아주 다르다. 불신으로부터 확신을 주는 것이 그 목표인 회계사는 관리과학에서는 필요하지 않은 어떤 자료의 정확성의 정도에 관심을 갖는다. 그러나 그 밖의 다른 유형의 자료에는 관심을 기울이지 않는다. 예산통제 역시 과학적 관리와는 많은 방법에 있어 역시 다르며, 행정학에 관심을 지닌 사람들은 예산국의 기능에 관리통제를 부가하는 최근의 경향에 대해 아주 비판적이다.

의사소통에서의 이러한 어려움 때문에, 공공과 민간 부문에 있어 양립할 수 없는 기능을 따로 분리하여 새 조직에 집어넣는 경향이 있다. 스티글러(Stigler)는 대규모 조직의 성장에 수반되는 점진적인 수직적 분리(혹은 수직적 분해, vertical disintegration)를 함축적으로 제시하고 있다. 즉 보조적인 서비스에 있어 전문화가 유익하도록 해주는 것은 바로 시장의 힘이라는 것이다.[31] 정부에서도 이와 유사하게 비록 어떤 논리에 의해 새로운 과업이 현존하는 부서의 영역에 속하는 것이라 해도, 프랭클린 D. 루스벨트(Franklin D. Roosevelt)는 새로운 과업을 새로운 부서에 부가할 필요성을 처음으로 간파한 개혁자였던 것이다.

---

31 스티글러(Stigler)는 포획이론(capture theory)을 정립한 학자이다. 그는 「시장의 범위(크기)가 분업을 제한한다(The division of labor is limited by the extent of the market)」는 논문에서 전문화가 시장에서의 보조적 서비스에 유익하다고 주장한다. 즉 조직의 규모가 커질수록 동화되지 않고 양립적인 이질적 기능들이 혼재하기에 조직의 능률성이 저하되고, 이에 따라 과감하게 양립하지 못하는 기능들을 수직적으로 분리하여 새로운 조직을 만들 필요성에 대해 언급하고 있다.

이제 조직에서의 의제 결정이라는 본장의 원래 목적으로 돌아가자. 기본적으로 조직의 의제에서 변화가 가능한 원인은 개인의 경우와 동일하다. 신호는 감독되는 범위 내에서 받아들여지며, 그 영역을 활동적으로 할 수 있다는 판단의 기초 하에서 받아들여지는 것이다. 최종적 행위에 대한 상금은 변할 수 있고, 갑자기 변하는 것으로 인식될 수도 있다. 또는 하나의 목적을 위해 먼저 사용된 정보채널이 지금까지는 수동적인 영역에서 활동했던 것에 대한 함의를 주는 신호로 판명될 수도 있다. 이제 막 결론을 내린 조직에 대한 논의는 조직에 구체적인 비용요인들을 확대해왔다는 것이며, 이것은 조직이 의제를 변화시키기 위해 기본적으로 필요한 비용이기도 하다. 실제로 많은 경우에 변화 비용은 조직에 있어서는 커다란 것이다. 좀 더 정확하게 말하면, 조직은 감독하는 능력을 많이 지니고 있지만, 감독이나 활동적 역할에 대한 수동적 태도를 변화시키는 능력은 많지 않다.

개인과 비교 또는 양립할 수 없는 조직의 효과가 하나 있다. 조직은 변화하는 개인들로 구성되어 있다. 모든 개개인은 수많은 정보채널에 접근할 수 있는 길을 지니고 있다. 그 정보채널 중 특정 조직은 오직 한 개이다. 특히, 교육이 그러한 하나의 채널이다. 그러므로 조직은 조직에 개방되어 있는 어느 정도의 정보량에 대해 혜택을 얻고 있는 것이다. 심지어 조직의 코드가 그러한 정보를 내적으로 비싸게 전달한다 해도, 또한 정보가 충분하다 해도, 조직의 행위는 변하게 된다. 특히, 새로운 항목이 조직의 의제로 등장하게 될 것이다. 교육을 새로운 정보의 주된 근원으로 생각한다면, 젊고 새로운 조직 구성원들이 조직에 이를 도입해야 할 것이다. 그러므로 조직의 의제에 있어서 세대교체가 유인하는 변화의 가능성을 생각해 볼 수 있다.[32] 좀 더 일반적으로 말하면, 조직 디자인의 주된 필요성은 대규모 의제를 다루는 능력을 증진시키는 데 있다는 것이다. 정보와 정보취급이 개인자본의 축적이라는 점에서, 의사결정가를 개편하는 데 있어, 파레토(Pareto)가 말한 "엘리트의 순환(circulation of elites)"[33]이 필요한 것이다. 대안의 협소한 구조 안에서 단기적 능률성과 심지어 탄력성이란 것은, 장기적으로 보아 광범위한 잠재적 행동의 영역보다 중요한 것이 못된다. 공적이고 사적인 조직의 설계와 사회에

32 즉 현상유지성향이 강해 혁신적 의제를 도입하지 않는 기득권층이 새로운 세대로 교체된다면, 의제 역시 변화할 가능성이 높을 것이다.

33 엘리트의 순환이란 엘리트의 쇄신과 교체의 끊임없는 순환을 말하는데, 한 가지 유형의 정치 엘리트는 다른 유형에 의해 대체된다는 파레토의 개념이다. 엘리트에 있어 집단유지적인 보수적 '사자형'은 믿지 못할 정서를 갖는 '여우형'에 의해 교체된다는 것이며, 엘리트 지배의 조직이 더욱 민주적인 지배형태에 의해 대체될 가능성은 없다고 보았다. 이는 곧 조직에서 새롭고 혁신적인 의제가 상정되기 위해서는 젊은 엘리트로의 교체(순환)가 필요하다는 논지일 것이다.

서의 과업을 수행하는 과정에 대안들 중에서 한 대안을 선택할 때 고려해야 할 점이 바로 이러한 점이다.[34]

34 즉 조직에서 의제를 상정하고 대안을 선택할 때는 눈앞에 펼쳐진 단기적 이익보다는 장기적이고 잠재적으로 내재되어 있는 능률성을 충분히 고려해야만 한다는 것이다.

제4장 권위와 책임
AUTHORITY AND RESPONSIBILITY

목표의 갈등 A conflict of goals

조직이 지니고 있는 가장 광범위한 특징 중의 하나는 권위적인 배분이 조직을 지배하고 있다는 점이다.[1] 어떠한 규모의 조직에서도 결정이란 몇몇의 개인들에 의해 이루어지는 것이고, 그 외의 조직구성원들 대부분은 일반적으로 이들이 결정한 것을 수행한다. 조직의 모든 영역 중 권위가 타당하게 작용할 수 있는 영역은 한정되어 있다.[2] 그리고 한 계층에서의 명령의 수혜자는 자신의 영역에 대한 권위를 지니고 있다. 그러나 권위의 이러한 한계점에도 불구하고, 조직기능의 필수적인 부분 중의 하나가 바로

1 권위적 배분이 아닌 자유 경쟁적 배분이 지배하는 기제는 시장(market)이고, 권위적 배분이 지배하는 기제는 정부(권위, 계서제적 조직)이다.

2 H. 사이먼(H. Simon)은 권위란 다른 사람의 행위를 인도하는 결정을 내릴 수 있는 능력이고, 또 이것은 두 사람 또는 그 이상 사이의 관계라고 정의하고 있으며, 권위가 작용하는 한정된 영역을 허용범위(zone of acceptance)라고 정의한다.

명령을 주고받는 것에 있다.

명령을 주고받는다는 것은 개인적 권위(personal authority)라는 용어로 이해될 수 있다.[3] 하지만 비개인적 권위(impersonal authority)라고 말할 수 있는 배분의 또 다른 양식이 있다. 비개인적 권위란 다양한 모든 상황 하에서 조직의 각 구성원들이 해야 할 것을 기술하는 행동양식의 코드를 통해 이루어지는 권위를 말한다.[4] 조직을 운영하는 법률적 코드는 비개인적 권위의 가장 대표적인 예이다. 개인적 권위가 조직의 모든 곳에 영향을 미칠 수는 없기 때문에, 비개인적 권위의 코드화가 필요하게 되는 것이다.[5] 그러나 개인적 권위와 비개인적 권위가 서로 상반되는 입

---

3 즉 개인적 권위를 주고받는 것을 명령이라고 할 수 있다. 그러나 명령은 일반적으로 직위와 결부되어 있고 대개 공식성과 하향성만을 띠고 있지만, 권위는 그냥 받아들여지는 것이기에 공식성과 하향성은 물론 비공식성·수평성·하향성·상향성 등을 띠고 있다.

4 'impersonal authority'를 비개인적 권위로 번역했지만, 이는 비(몰)인간(인격, 인정)적 권위로도 번역될 수 있다. 비개인적 권위란 인간(인정)적이거나 개인적인 성향을 띠지 않고 공과 사를 정확히 구분하여 객관적이고 이성적이며 합리적인 권위를 말한다. 합법적이고 합리적인 권위가 지배하는 베버(Weber)의 현대적 의미의 관료제에서 가장 강조하는 것 중의 하나가 이러한 비개인성(impersonality)에 있다.

5 예를 들어 기업 대표나 부서장의 개인적 권위가 조직이나 개인 활동의 모든 영역에 영향을 미칠 수 없기에, 기업법, 기업윤리 또는 기업 강령(회사의 사훈이나 사칙) 등과 같은 비개인적 권위로 기업 구성원의 행동에 영향을

장에 있는 것이 아니라, 비개인적 권위는 개인적 권위를 대체하기도 하면서 보완하기도 한다. 하지만 비개인적 권위는 예측력이 더 크다는 이점을 지닌 반면, 탄력성이 부족하다는 단점도 지니고 있다.

본 장에서는 개인적 권위와 비개인적 권위 중 개인적 권위에 대해 먼저 언급하고자 한다. 그러나 개인적 권위에 대한 대부분의 언급들은 비개인적 권위에도 적용 가능한 것이다.

조직에 따라 권위의 역할은 다르다. 권위가 가장 강력하게 펼쳐지는 곳은 군대이다. 군에서는 권위가 널리 퍼져있고 조직운영에 있어 필수불가결한 것이다. 국가(state) 역시 시민들과 관련하여 권위적 행동을 보여주고 있다. 국가의 권위가 가장 잘 나타나는 것의 예로는 경찰과 법 통제의 경우를 들 수 있다. 고용자에 대해 권위적 통제를 하는 기업처럼 국가는 한정된 유형의 권위를 공유하고 있다. 실제로 H. 사이먼(H. Simon)이 강조했듯이, 고용자에 있어서의 고용계약은 권위를 받아들이겠다는 의미를 지니고 있는 것이다.[6] 그러므로 고용계약은 일용품을 사고파는

주는 것이다.

6 이러한 관점은 조직경제학(법경제학 또는 정보경제학)중 위임-대리이론(principal-agency theory)의 기본적 가정에 해당한다. 즉 위임-대리이론에서는 사회생활 및 경제활동은 계약의 연속이며, 조직도 일련의 계약관계로

계약과는 다르다. 사고판다는 것은 명백하게 객관적인 일이 아니라 개인적 관계인 것이다. 계약의 범주 내에서 고용주와 고용자의 관계는 자유경쟁의 시장관계가 아니라 계약에 따른 권위의 관계이다. 물론 이러한 권위의 범위는 계약에 사용된 용어에 따라 한정되고, 좀 더 근본적으로 고용자가 그 직업을 떠날 수 있다는 자유가 있기에 한정적인 것이다. 그러나 이러한 자유를 행사하는 데는 규범적으로 일정의 비용[7]이 들어가기에, 이러한 권위의 범위가 사소한 것은 아니다.

우리 사회의 대규모 조직 가운데서 권위는 아마 전문 직업 사이에서 가장 약할 것이다. 여기에서 사회적 압력으로 생긴 윤리라는 코드와 행위의 기준들은 개인적 권위나 또는 심지어 비개인적 권위의 형태로 분명하게 전환되는 경향이 있다. 전문가들의 조직은 그 구성원들에게 단지 한정되고 예외적인 권력만을 행사한다. 그리고 정부 간의 협력에서만 행사된다. 그러나 그러한 조직들은 진입(가입)을 통제하는 데 종종 도움을 준다.[8] 교육적 기

보고 있는 것이다.

7 직장을 떠나는 데 소요되는 이직비용을 그 예로 들 수 있다.

8 전문가 조직에서 구성원들 간의 권위는 타 조직에 비해 약하지만, 전문조직은 그 가입(진입)에 있어 다른 조직보다 더 권위적인 경향이 있다. 다시 말해 전문가 집단에 가입하기 위한 진입장벽은 일반 조직보다 훨씬 높다.

능이 미묘하게 혼합되어 발전되어온 대학에서, 권위란 의문시되는 전통적 사고이며 교수진의 관심인 대학교에서, 권위의 내적 역할을 정의하는 데 특별한 어려움이 있다는 것은 놀라운 일이 아니다.

상황이 안정적일 때, 권위의 역할은 당연한 것으로 받아들여지고 의문의 여지가 적어진다. 대부분의 사회제도에서 이러한 점이 나타나고 있다. 권위를 받아들인다는 것이 종교적 믿음이라는 지고의 권위에서 어느 정도는 파생된 것이라는 점은 의심의 여지가 없다. 마르크 블로흐(Marc Bloch)는 중세 성직자의 신성한 특성에 대해 이미 보여주고 있다.[9] 그리고 탈무드와 '바가바드 기타(Bhagavad Gita)'[10]처럼 아주 다양한 종교적 근원에서부터 권위의 역할에 대해 종교적인 재가(裁可)가 부가되고 있다. 도버 해안가에서 한 세기 전에 메튜 아놀드(Mattew Arnold)가 '신념의 썰물(ebbing tide of faith)'이라고 말한 종교적 신념의 쇠퇴는, '어떤 사람들은 한탄하고 다른 사람들은 기뻐 날뛰는' 발전의 금세기에

9 마르크 블로흐(1886~1944)는 선구적인 중세 역사학자이자 비교역사학자이다.

10 성파가범가(聖婆伽梵歌)란 고대 인도의 서사시 마하바라타(Mahabharata) 속에 있는 크리슈나(Krishna)와 아르주나(Arjuna)가 대자연을 찬미하는 철학적인 회화체의 노래이다.

서 권위의 쇠퇴 뒤에 숨어있는 것이기도 하다.[11] 그러나 종교적이고 세속적인 권위가 동일한 근원에서 나와 평행을 이루고 있다고 말하는 것이 더 나을 것이다. 천국적(이상적)인 정부의 구조는 지구의 구조를 그대로 나타내는 거울일 뿐만 아니라, 지구를 보조해주는 것이기도 할 것이다. 유태인이 믿는 기독교에서의 신이란 종교적 언어로 '왕'이다. 이러한 은유는 민주적 시대에 힘을 잃은 것이기도 하다.

권위나 또는 적어도 특정의 권위가 의심을 받던 시기에는 권위의 근원과 필요성에 대해 검증하는 경향이 있었다. 미네르바(Minerva)의 올빼미는 어둠 속에서가 아니라 폭풍 속에서 날아다니는 것이다.[12] 그러면 권위란 인간사회의 기능화에 필요한 것

---

11 메튜 아놀드(1822~1888)는 영국의 시인이자 비평가이자 교육자이다. 그가 살았던 시대는 빅토리아 시대 초기로서 자유방임 경제 활동과 급속한 산업화로 인해 열악한 노동조건과 지주계급의 횡포로 노동자들의 폭동 등이 일어나 사회적으로 혼란스러운 시기였다. 노동자들은 한탄하고 지주와 공장주들은 기뻐하던 시기였기에 종교적 신념이 쇠퇴할 수밖에 없었고, 이는 곧 권위의 쇠퇴를 가져온 것이기도 하다.

12 미네르바는 로마 신화에 나오는 지혜의 여신(그리스 신화에선 아테네)으로 황혼녘 산책을 즐기며 그때마다 올빼미(부엉이)를 데리고 다닌다. 헤겔이 그의 법철학에서 '미네르바의 올빼미는 황혼녘에 날아오른다'는 말을 쓴 이후 '미네르바의 올빼미'는 철학을 상징하는 말로 쓰이기도 하지만, 보통 역사 연구에서 '거리두기'의 지혜를 의미한다. 아침부터 낮까지 부산하게 움직이는 사람들은 그 즉시 관찰해선 모든 것을 제대로 알기 어렵다. 일이 끝

이거나 또는 최소한의 이용으로서, 소름끼치는 대안으로서 도입될 수 있는 홉스(Hobbes)의 "만인에 대한 만인의 투쟁(war of each against all)"에 대해 필요한 것으로 논의될 수 있다.[13] 권위의 궤적은 17세기와 18세기 영국과 미국의 혁명에서처럼 신성한 개인으로부터 비개인적(비인간적)인 원칙들로 이동되었다고 볼 수 있다.[14] 또는 20세기의 파시스트 운동에서처럼 권위가 비개인적 원칙들에서 카리스마적 지도자(히틀러나 무솔리니 등)에게로 옮겨갈 수도 있다. 그러나 이러한 각각의 경우에 있어서 권위에 대한 필요성은 사회적 의식의 수준에서 인식되고 제기되는 것이다.

난 황혼녘에 가서야 지혜로운 평가가 가능해진다는 주장이다. 그러므로 미네르바의 올빼미는 오랜 시행착오 끝에 갖게 된 지혜의 가치를 역설할 때 쓰이기도 한다. 여기에서는 권위라는 지혜는 올빼미(권위)가 잘 볼 수 있는 어둠에서가 아니라 폭풍처럼 앞을 볼 수 없는 상황에서 발휘되어야 한다는 뜻으로 보인다.

13 인간세계는 자유경쟁에 의한 시장상태(이는 홉스의 자연 상태로 표현됨)와 독점에 의한 권위(정부)상태로 구분될 수 있다. 권위의 필요성(정부개입의 필요성 또는 조직화의 필요성)은 자연 상태의 무질서를 조직화하여 시장실패를 치유하려는 데 있다고 보는 것이 사회선택이론에서의 일반적 견해이다. 그러므로 애로는 인간사회를 조직화하고 기능화하기 위해 권위가 필요하다고 보고 있는 것이다.

14 권위란 교황이나 성직자 또는 왕의 신성한 개인적 권위에서 절대국가가 붕괴하여 시민국가가 등장함에 따른 공화국의 출현으로 비개인적(헌법적) 권위로 대체되었다고 할 수 있다.

그러나 소용돌이의 장과 같은 요즘 시기에 위와 상반되는 경향이 분명하게 존재한다. 권위에 대한 도전은 권위의 중요성에 대해 거듭 강조하는 것으로 이끌 수 있다. 한 극단에는 심지어 권위를 지녔다는 히스테릭한 우쭐댐이 있고, 다른 극단에는 도덕률 폐기론자와 무정부적인 경향이라는 권위의 전면적인 부정이나 무시가 있다. 그러나 권위란 기능적 역할을 수행하면서 그 객체(대상)의 정당한 행위에는 예속되어 체제에 대한 책임감의 필요성이 있다고 주장하는 것이 권위에 대한 중도적(온건한) 반응이다. 결국 권위란 종종 나쁜 것일 수도 있게 된다. 권력의 행사를 설명하기 위한 점검의 필요성은 분명하게 인식되고 있다. 분명히 영국계 미국인의 전통에서는 권위를 점검하는 것에 대해 의심을 갖고 있다.[15] 지난 수년간 권위에 대해 평상시보다 더한 불신이 있어 왔었고, 실제로 개인적이고 비개인적인 정치적 권위에 대한

15 이들은 국가나 집단보다는 개인구원에 초점을 맞춘 삶을 살고 부를 축적했기에 개인과 기업의 이익을 극대화하고 정부규제로부터 충분한 자유를 향유하는 자본주의의 토대를 쌓았다. 이들은 특히 청교도의 권위를 절대적으로 여겨 부의 축적을 인정하면서도 종교개혁정신에 입각해 엄격한 도덕과 윤리의 강조, 안식일 준수, 향락의 제한, 자선과 기부, 봉사활동 등을 권장하면서(이것들이 이들이 설정한 전통적 권위이며 절대적 영향력을 행사하고 있다), 미국사회의 주류인 이른바 WASP(백인-영국계-청교도; White, Anglo-Saxon, Puritan)를 형성했다. 대표적 인물로는 록펠러, 카네기, 헨리 포드, 워렌 버핏 등이 있으며, 케네디가와 부시가도 같은 맥락이다.

어떤 유형의 통제방법이 발전되어왔다. 이러한 통제방법에는 선거, 국민투표, 권위의 분할(입법부 대 행정부, 연방정부 대 지방정부), 사법적 통제의 제한, 또한 형태에 있어 긍정적인 것이라기보다는 부정적인 시민의 불복종이나 격렬한 반란과 같은 오래된 방법 등이 있다.[16]

이러한 기술(통제방법)이 있음에도 불구하고, 정치적 권위에 따른 책임의 정도는 아직까지 미흡하다. 정부란 일상적인 개인들과는 아주 다른 "비개인적"인 존재이며 사람들과 동떨어져 있는 것이라고 광범위하게 인식되고 있다. 민주적 이상이 성취된다면, 유권자가 권위를 지니게 될 것이다. 그러나 모든 개인들이 권위를 지닌다면, 이것은 부적절한 것이다. 이는 그 누구도 책임을 지니지 않음과 동일한 의미이며, 권위 자체가 필요하지 않게 됨을 의미한다. 실제로 책임을 지는 하나의 수단으로서의 선거란 본질적으로 한계를 지니고 있는 것이다. 선거 그 본연의 속성에 의해, 무수한 구체적 의제들이 선거를 통해 차별화가 될 수 없고, 차별화보다는 의제들의 평균치에 의해 결정이 이루어진다.[17]

16 시민의 불복종과 반란 등도 권위에 대항하며 권위를 통제하는 것으로 볼 수 있다.

17 선거에서 각 정당이나 입후보자들이 내세우는 의제들이 차별화되어 있기 보다는 대부분 대동소이한 것으로 의제의 평준화가 이루어지고 있는 것이다.

게다가 일반적인 투표자가 자신의 이성 내에서 선거에 소요되는 정보비용을 적절하게 유지하기 위해서는,[18] 선거과정이 반드시 단순화되어야 하며 수많은 대안들이 축소되어야만 한다. 1968년의 대통령 입후보자에 대한 국민들의 선택은 국가가 당면한 과제들과는 거의 무관한 것이었다. 반면에 1964년과 1972년의 선거는 의심의 여지없이 '메아리 없는 선택(a choice and not an echo)'을 제시했기에, 우리에게 활용 가능한 대안들이 다차원적으로 복잡하다는 것을 암시해준다는 것 이상을 느낄 수 없었다.[19]

그러나 권위에 책임을 부과해야 한다는 요구는 정부의 외적 조직(교회, 대학 및 기업들)에서 강력하게 제기된 것이다. 공동의 책임에 대한 태도는 기술적 분석과 규범적 태도 및 내재하는 제도적 구조 그 자체에서의 변화가 흥미 있게 조합됨으로써 진화

18 선거에서 입후보자의 인적사항이나 각종 안건 등을 파악하는 데 투표자가 투자해야 하는 정보비용은 많다. 그러므로 투표자들은 자신의 이성적 판단 하에서 선거에 소요되는 정보를 선별하여 받아들임으로써 정보비용을 적절하게 유지하는 것이다.

19 '메아리 없는 선택'이란 보수주의자인 필리스 슐래플리(Phyllis Schlafly)의 저서명이기도 하다. 1964년과 1972년 미국 대통령 선거가 메아리 없는 선택이란 것은 당시 선거가 재임 중인 대통령(린든 존슨과 리처드 닉슨)의 재선투표였고 대부분 재선에서 당선되기에, 유권자들이 선택을 했지만 그에 따른 반향(메아리)이 없었다는 의미로 해석되며, 한편으로는 슐래플리가 풀뿌리 보수주의자였기에, 민주당을 비판하는 의미로 쓰인 것으로 보인다.

된 것이다. 주주에 대해 주식회사가 지닌 명목적 책임은 어느 정도 가공적이라는 점이 약 50년 전의 광범위한 인식이었다. 그 당시에는 이러한 관점이 표준적인 정설이었고, 주식회사의 관리행태에 대해 이러한 관점이 주는 함의는 입찰의 양도와 복합기업의 출현으로 왜곡되었던 것이다. 회사의 주주에 대한 책임에 대해 의문을 지닌 것은 기업의 다른 구성원인 근로자와 고객들에 대한 회사의 책임을 요구하는 것으로 대체되었다.[20] 현재에 이르기까지의 오랜 기간 동안, 기업에서 권위의 구조는 노동조합활동에 의해 어느 정도 변화하였다. 노동조합은 고충위원회와 노동규칙을 통해 권위의 구조를 바꾸었다. 노동과 직접적인 연관이 가장 적은 좌파적 성향의 비판에서는 권위구조의 변화라는 과정이 충분히 진전되지 않았다고 느끼고, 근로행위 그 자체에 있어서 근로조건과 권위관계의 본질이 개인적이고 사회적인 왜곡을 낳았다고 느끼고 있다. 현재에는 생산품의 질과 생산품이 다른 사람에게 미치는 영향에 대한 기업 내부의 책임과 소비자 통제에 대해 더 많은 관심이 집중되고 있다.

그러나 책임을 증가시켜야 한다는 이러한 모든 요구들은 아주 큰 저항을 받고 있다. 권위를 지닌 사람들이 자신의 행동의 자

20 즉 주주에 대한 책임에서 근로자와 고객에 대해 기업이 책임을 져야 한다는 것으로 바뀌었다는 뜻이다.

유를 축소시키는 데 저항할 것이라는 점은 기본적으로 명약관화한 것이다. 그러나 변화에 대해 반대하는 것은 권력을 갖고 있는 사람들에 국한되는 것만은 아니다. 권위를 가진 사람뿐만 아니라, 권위의 행사를 받고 있는 많은 사람들도 현상유지를 강력하게 요구하기도 한다. 대학의 교수진 중에서 총장의 권위가 침해받는 것에 저항을 하고 또한 가톨릭 교구민들 중에서 로마교황의 권위가 부식되는 것에 강력한 저항을 하면서도, 적극적인 지원을 하지 않는다는 것은 놀라운 일이다. 권위의 필요성에 대한 인식은 광범위하게 퍼져있다. 지식인 집단뿐만 아니라 중부 아메리카에서, 권위의 쇠퇴에 따른 우리시대의 문제점들을 진단하는 것은 보편적인 일이다. 예를 들어 대부분의 지역에서 경찰의 행동에 대해 민간보고위원회를 새로 만드는 것을 반대하는 투표들이 연속되고 있는 것을 보라. 필라델피아는 이 경우에 있어 예외적인 곳이다. 그러나 이전의 경찰 의뢰인을 후임시장으로 선출한 것은 그러한 투표가 정도를 벗어나고 있음을 보여주고 있다. 체포에 있어 경찰의 행동을 검사하고 통제하는 사법적 결정에 대해 닉슨 대통령이 제기한 부정적인 일반적 견해를 우리는 보아왔던 것이다.

본 장의 남은 부분에서는 대규모 조직에서 권위에 따른 책임의 증진 가능성에 대해 좀 더 많이 언급하고자 한다. 여기에는 다섯 가지 화제가 있다. 조직에 대한 권위의 가치, 권위를 인식하기 위한 조건들, 책임의 가치, 책임의 성취를 위한 조건, 나아가 이러한 네 가지 요소를 고려하면서 권위와 책임 간의 바람직한 상쇄관계를 달성하기 위한 가능성 등이다.

권위의 가치 The value of authority

권위의 가치에 대한 논의는 간단하고 친숙하다. 정부의 특정한 유형에 관해 홉스(Hobbes)가 말한 극단적인 고전적 사고(思考)가 있다. 권위가 없는 경우, "만인에 대한 만인의 투쟁"이 존재한다. 그리고 그 결과 "인간의 생활은 빈곤하고 견딜 수 없을 만큼 싫고, 야만적이고, 짧게" 된다. 홉스의 논의에 있어 진리의 핵심이 극적인 면을 덜 갖고 있다면 모든 조직에 좀 더 일반적이 될 수 있을 것이다. 즉 조직구성원들의 활동을 조정하기 위해 권위가 필요하게 되는 것이다.

좀 더 기술적이고 완전하게 진술을 재정리하는 것이 유용하다. 일반화된 홉스의 논의는 두 개의 요소를 전제로 하고 있는데, 협동생산에 따른 생산성의 우월함과 복잡성과 정보를 교환하는 비용이다. 이를 좀 더 정교하게 구성하면 네 가지의 제안이 제시된다.

(1) 개개인들의 활동은 다른 사람들과 상호작용하는 것이며, 이것들이 때로는 대체적이고 때로는 보완적이며 종종 한정된 자원을 가지고 경쟁하는 것이기에, 개인들의 활동을 선택하는 데 있어 협동적으로 결정하는 것은 개별적으로 분리된 결정보다 우월할 것이다.

(2) 최적의 협동적 결정은 사회에서 개인들 사이에 퍼져있는 정보에 달려 있다.

(3) 자원을 이용한다는 견지에서, 특히 오늘날과 같은 개인적 시대에는 정보를 전달하는 데 비용이 소요되기에, 모든 유형의 정보를 각각의 사람에게 유포하는 것보다는 중심된 곳에 한 번에 전달하는 것이 비용이 적게 들고 더욱 능률적이다.

(4) 동일한 능률성의 견지에서, 결정에 기초가 되는 모든 정보를 재전달하는 것보다는 중심된 개인이나 사무소가 집합적 결정을 하고 이것을 전달하는 것이 더욱 저렴할 것이다.

그러므로 개인적 의사를 집합적 의사로 의사결정을 집중화하는 권위의 역할은 정보를 전달하고 취급하는 데 있어 경제성을 높이는 데 있는 것이다.

권위의 가치를 가장 단순하게 나타낼 수 있는 곳은 군대이다. 물론 많은 면에 있어서 군대 조직은 국가로 발전하는 데 있어서 기본이 되기도 한다. 정보가 광범위하게 퍼져있고 결정 속도가 필요한 상황 하에서, 전술적인 차원에서 권위적인 통제는 성공을 위해 필수불가결한 것이다.[21]

이러한 것의 친숙한 예로 교통 통제를 들 수 있다. 여기에서 다시 권위적 통제가 능률성 면에 우월하다는 것이 분명해진다. 그러나 또 다른 요인이 도입된다. 교통표시와 신호 같은 비개인적 통제는 개인적 권위보다 더욱 능률적이다. 특히 경찰 개인의 재량에 따라 교통 통제와 흐름이 이루어지는 재량적 교통의 권위가 행사되는 세계에서는 그러한 비개인적 통제가 개인적 통제보다 더욱 더 큰 대안적인 효용을 지니기도 한다.

권위와 반대되는 대안은 합의(consensus)일 것이다(물론 우리는

---

21 권위가 모든 개인에게 있고 경고 정보가 광범위할 경우, 결정을 하기 위해서는 시간이 많이 소요된다. 그러나 군대의 전술적 행동에서는 급박한 결정을 해야 할 때가 많다. 그러므로 군대에서는 어느 조직보다도 권위에 의해 결정이 신속하게 이루어질 필요가 있는 것이다. 여기에서의 전술적(tactical)이란 것은 군사적인 의미로 전술이란 개개 전투에 관계되는 방책을 말하고, 이에 반해 전략(strategy)이란 전쟁 목적을 달성하는 전체 국면에 관계되는 기본방침을 말한다. 그러므로 처한 상황이 모두 다른 개개 전투에서 승리(성공)하기 위해서는 지휘관의 권위적인 통제(지시)가 필수적이다.

가격 시스템이 생존할 수 없는 맥락 또는 적어도 가격 시스템이 가장 이상적으로 작동하는 조건들을 만족시키지 못하는 맥락에 대해 이야기하고 있는 것이다. 가격 시스템의 실행불가능성이나 또는 적어도 비능률성이 존재함에 따라 조정의 필요성으로 조직이 존재하게 된다는 입장을 취하고 있다). 합의가 개인적 이익들을 취합하는 바람직하고 용인된 수단임에는 틀림없다. 잘 알려진 바와 같이, 대다수의 원칙과 같은 만장일치를 얻는 상황에는 부족한 합의를 도출하는 기제의 어떠한 유형과도 연결된 깊은 역설이 있다.[22] 그러나 이러한 문제점들은 다른 곳에서 연구되고 있다.

그렇다면 권위를 대체하는 합의가 언제 적절한 것이 되는가? 동일한 이익과 동일한 정보를 지닌 성원들로 구성된 조직에서는 연속적인(끊임없는) 합의가 능률적일 것이다. 각 구성원은 자신의 이익에 따라 최적의 결정을 올바르게 인식할 것이며, 이익이 공동적인 것이기에 그들은 모두 결정에 동의할 것이다. 대면집단에서는 정보를 저렴하게 교환하는 것이 가능할 것이며 이에 따라 정보의 동질성이 달성될 수 있다. 그리고 만일 집단이 공동의 가치를 가진 중요한 목적을 충분하게 지니고 있다면, 이익의

22 이것은 구성원의 선호를 제약하지 않고서는 만장일치의 결정을 이룰 수 없다는 애로의 불가능성 정리나 센의 역설(paradox) 등으로 설명되는 것으로 사회선택이론의 주된 논점 중의 하나이다.

동질성이란 가정은 정당할 수 있을 것이다.

조직 구성원 간의 이익이나 정보가 상이할 때, 합의를 도출하기 위한 비용의 문제가 제기된다. 그러므로 조직적 의사결정의 양식으로서 합의의 가치는 권위의 가치에 비해 쇠퇴하는 것이다. 여기에서 단지 몇몇 언급을 할 여지가 있다. 정보는 동일하지만 이익이 서로 다른 경우는 물론 사회적 갈등과 협상에 의한 해결이라는 고전적인 개념이 있다. 게임이론의 풍부한 이론적 발전을 포함해서 이러한 분야에 대한 광범위한 문헌이 있음에도 불구하고, 이것들을 이해하기란 쉬운 일이 아니다. 협상과정 그 자체가 매우 비용이 드는 일이라는 것은 분명하다. 특히 재계약과 같은 게임 상황에서가 아니라, 전쟁으로 인해 경제적 파괴가 잇따르고 인간생활이 야만적으로 파괴되는 현실의 세계에서 계속적인 제시와 위협이 일어날 때, 협상은 매우 어렵고 비용이 많이 드는 것이다.

조직 구성원들의 내재하는 이익들이 충돌하고 있고 정보가 서로 다른 경우에서 합의를 이룬다는 것은 이익 차별화에 대해 동의하는 것과 어떤 평행선을 이루고 있는 것이다.[23] 사회적

---

23 구성원들의 이익과 정보가 서로 다른 상황에서 합의가 이루어지는 것은 각 구성원들의 이익이 서로 다르다(즉 개인의 선호는 모두 다르다)는 것에 동의하는 것과 같은 맥락이라는 것이다.

행동을 함에 있어 개인의 선호를 억제하는 것은 이익을 차별화하는 경우와 동일하게 분명히 개인들마다 상이하다.[24] 그러나 이 경우에 있어 비록 각 개인이 서로 다른 정보에 기초하고 있다 해도, 각 개인은 다른 사람들과의 공동의 이익이라는 관점에서 행동하려고 한다는 것을 인식한다는 점에 있어서 상황이 어느 정도 상이하다. 만일 정보가 저렴하게 교환될 수 있다면, 합의에 이르는 데 문제점이 없거나 또는 적을 것이다. 그러므로 결정하기 위한 제도를 설계하는 목표는 정보의 흐름을 가능한 한 최대로 촉진시키는 데 있어야 한다. 제3장에서 살펴보았듯이, 이것은 가능한 한 정보의 가치를 비축하면서 정보의 양을 축소시키는 것을 포함한다. 정보채널의 수를 줄이는 것으로 정보의 양을 줄이는 한도 내에서, 권위가 더 능률적이라고 할 수 있는 것이다.

권위의 성취 The achievement of authority

다시 권위의 개념으로 돌아가 보자. 여기에서 권위의 기능에 대해 알아볼 필요성이 있다. 즉 '권위가 조직을 위해 어떠한 가치를 수행하는가?' 하는 것이다. 그러나 경제이론의 관점에서

---

24 즉 개인마다 선호는 상이하기에, 특정의 집단적 또는 사회적 행동을 함에 있어 특정 선호를 억제한다는 것은 이에 따른 개인의 혜택이 상이해지기에, 각 개인의 이익을 차별화하는 결과를 낳을 것이다.

보면, 권위의 가치만으로 조직의 존재와 생존이 보장되는 것은 아니다. 원만하게 작동되는 이상적인 가격 시스템이 존재하는 상황 하에서만, 행위는 필요성에 부합한다는 것이 진리이다. 그러나 내가 주장했듯이, 조직이란 가격 시스템이 실패했을 때 사회적 기능을 처리하는 수단이다.

권위란 권력의 어떤 방법을 통제하는 데서 파생되는 것이라는 점은 권위에 대한 일반적인 논거이다. 기업 내에서 권위가 사용될 수 있는 제재에는 기본적으로 고용과 해고가 있다. 국가는 형법이라는 제재수단을 사용한다. 분석의 한 수준에서 보면, 이것은 적합한 대답이다. 이러한 제재들은 현재 작동되고 있고, 사람들은 권위에 의한 결정에 부분적으로 복종한다. 왜냐하면 그렇지 않을 경우 벌이 계속적으로 주어지기 때문이다. 그러나 심지어 즉각적인 수준에서도 권위에 대한 복종을 설명하는 데 있어서 이러한 점이 실제로 충분하지 않다는 것을 나는 주장한다. 그리고 더 중요한 것은 이러한 점이 심오한 권위의 기능이 아니라는 것이다. 이제 이에 관해 관점을 돌려보자.

첫째로, 제재의 존재는 권위에 대한 복종의 충분조건은 아니다. 많은 근로자들이 지시에 복종하지 않는다 해도, 분명하게 그들은 강요당할 수 없는 것이다. 조직은 충분하게 고립되어 있기 때문에[25] 근로자들을 대체시키는 데 비용이 든다는 것을 가정했다는 점을 기억하라. 그러므로 근로자들을 대체할 때의 비용을 생각하면, 기업은 모든 근로자들을 해고할 수는 없다. 이러한 점이 파업이 사회적 개혁을 위한 기초가 된 이유이기도 하다. 이와 유사하게 불복종이 충분하게 이루어졌다 해도 형법이 집행될 수는 없다. 주류에 대한 금지가 실패한 것이 이러한 것의 유명한 예에 해당한다. 마약과 도박 및 낙태 등도 동일한 예이다. 외설책과 같이 어떤 경우에 있어서는 최악의 경우를 제외하고는 거의 모든 경우에 있어서 권위는 무능력하게 인식되고 있다. 다른 사람들은 권위의 집행에 있어 비용을 과다하게 부과할 것을 주장한다. 이에 따라 불법적 행위에 대해 비정규적인 세금을 부과하는 결과가 나타나는 것이다.[26]

이러한 예들은 많이 있지만, 그 관점은 분명하다. 이 사례들은 권위가 항상 행사될 수 없다고 말하는 것이 아니라, 권위를 집행하는 수단으로서 우리가 항상 생각하는 제재와 같은 통제기제

---

25 특정 조직의 기술과 문화 등은 다른 조직과 독립적인 것이기에 조직은 환경이나 다른 조직과 고립되어 있다고 보는 것이다.

26 즉 주류통제나 외설과 같은 것을 권위로 통제하기가 어렵기 때문에, 이러한 것이 적발되는 경우 세금을 강력하게 부과하여 이익의 많은 부분을 환수하고 형법적 제재를 가함으로서 불법행위를 줄이려고 하는 것이다.

가 권위를 용납시키는 데 있어 유일하거나 또는 심지어 주된 기초가 될 수 없음을 말하는 것이다. 통제기제라는 기초로서 설명될 수 있는 것보다 훨씬 더 높은 정도로 고용자들은 회사의 지침을 따르고, 시민들은 법을 지키고 있다.

이러한 문제는 경제적 용어로써 좀 더 논의될 수 있다. 조직은 권위의 작동을 촉진하기 위한 상벌구조를 지니고 있다. 이러한 구조들은 가격 시스템을 내적으로 변환시킨 것이다. 그러나 조직의 상벌구조들은 권위의 실제 행사의 일부분만을 설명한다고 나는 주장한다.

권위의 행사가 잘 되지 않는다면, 권위의 행사는 실질적으로 생존력 있는 것이 아니다. 결국 통제기제를 사용하는 데는 비용이 소요된다. 만일 권위에 복종하는 것이 잠재적 통제에만 기인하는 것이라면, 자원이 사용된다는 견지에서의 통제기구는 너무도 값비싼 것이어서 권위의 이점을 상쇄하게 된다.[27]

제재를 위해 경찰이나 또는 그 밖의 유사한 집행들을 증가

27 (잠재적) 통제 때문에 권위에 복종하는 것이라면, 통제기제를 사용하는 비용(자원)이 너무 많이 소요되기에, 권위사용의 이점이 통제기제 사용 비용에 의해 상쇄되게 된다. 그러므로 결국 통제기구의 사용 여부는 그 사용에 따른 비용과 혜택(권위의 작용 정도)의 비교에 의해 결정될 것이며, 권위에 복종하지 않는 일정 행위들을 방치하는 것도 합리적인 조직운영 방안 중의 하나일 것이다.

시키는 정책은 권위가 궁극적으로 제재에 의존한다는 가정에 대한 두 번째의 이의를 제기시키는 것이다. 이것은 "누가 돌보는 이를 돌볼 것인가(Who will take care of the caretakers)?"라는 어느 라틴계 시인의 질문과도 같은 맥락이다.[28] 통제기제 그 자체는 바로 사람들로 구성된 조직이다. 권위를 행사하기 위해 통제기제를 이용하는 것은 그 자체가 권위의 행사인 것이다. 심지어 가장 절대적인 독재자도 적대자들을 추적하는 지시에 비밀경찰이 따라줄 것을 요구한다. 그는 혼자 힘으로 그러한 일을 할 수 없는 것이다.

궁극적으로 권위란 권위에 대한 기대를 수렴하는 데 초점을 맞추는 정도에서만 생존력이 있는 것이라고 본다. 한 사람이 권위에 복종하는 이유는 다른 사람들이 권위에 복종할 것이라고 기대하기 때문이다.[29] 경찰이 법을 집행할 것이라는 점을 예견하기 때문에, 법집행에 대한 예상이 법을 준수하는 동기로서 충분하게 작용하는 것이다. 그러나 내가 여기에서 주장하는 것은 이것과는 다소 다르다. 사람들이 교통법규와 신호를 지키는 이유

28 이와 동일한 맥락은 '정부조직들을 감독 및 통제하는 감사원은 누가 통제하는(돌보는)가?', '권력기관인 경찰과 검찰은 누가 돌보는가?' 등을 들 수 있다.

29 교통신호체계라는 권위에 모든 운전자가 복종(따른다)한다는 기대를 하기 때문에, 자신도 교통신호체계를 지키는 것을 그 예로 들 수 있다.

는, 모든 사람들이 이것을 지키는 시스템이 분명하게 가치 있는 것이라고 생각하기 때문이다. 즉 권위의 가치는 시스템을 작동하게 하는 데 있고, 복종을 확보하는 것은 권위의 기능적 역할 중 한 부분인 것이다. 이러한 기능적 역할은 권위가 실제로 생존 가능하고 다른 사람들에 의해 준수된다고 믿어질 때만 영향력이 발생할 것이다.

그러므로 권위를 가시화하여 시스템을 조정하는 신호로서 작용하게 하는 것이 중요한 일이 된다. 이것은 외적인 상징이 권위를 둘러싸고 있는 이유이기도 하다. 외적 상징이란 이미 언급한 중세 성직자의 신성한 특징, 대통령을 둘러싼 법정과 같은 분위기 및 판사의 높은 자리와 법복 등과 같은 것을 말한다. 리어왕이 자신의 광기를 통해 보았던 것처럼 "망나니도 재직 중에는 복종한다(a dog's obeyed in office)."[30]

권위의 근원으로서 기대에 수렴해야 함을 강조하는 것은 권위의 덧없음을 함축하는 것이기도 하다. 오랫동안 세워졌던 권위가 붕괴하면 그것은 더 이상 권위적이 아니라는 인식이 순식간에 뒤따르는 놀랄 만한 변화가 실제로 나타나기도 한다.[31] 그러

---

30 아무리 못된 사람도 자신이 그 조직에 몸담고 있을 때는 일반적으로 어느 정도 권위에 복종하는 행태를 보임을 표현한 것이다.

31 대표적인 예로 절대왕권의 붕괴에 따른 시민 의식의 급격한 변화 또는 교

나 권위의 붕괴에 상쇄되는 힘이 있다. 권위에 복종할 것이라는 기대는 권위를 유지하기 위한 가치일 뿐만 아니라, 권위에 복종하는 사람들의 불확실성을 감소시키는 것이기도 하다. 그러므로 권위를 재건하거나 또는 새로운 권위를 만들라는 압력이 매우 강하게 나타나기도 하는 것이다.[32]

책임의 가치 The value of responsibility

여기에서는 권위가 지닌 기능적 가치가 바로 책임에 있다는 것을 논하려 한다. 여기에서 말하는 가치란 조직의 목표달성이라는 견지에서의 가치를 의미한다. 권위에 대해서는 이와는 또 다른 논의가 있다. 이것은 개개인의 가치와 발전에 영향을 주지만, 책임감을 지니고 있지 않은 권위에 대한 것이다. 의지가 없는 사람들에 대해 권위를 행사하면 그들의 자존심은 상실되고 자율적인 행동이 위축된다. 그리고 액턴(Acton)의 유명한 말이 우리에

권처럼 오래된 권위가 특정 교직자의 일탈행위로 인해 순식간에 와해되는 현상 등을 들 수 있다.

32 절대왕권을 다시 세우기 위한 운동이나 왕권 이후의 시민에 의한 새로운 (공화정의) 권위 창출 또는 권위를 무너뜨린 일반적인 사람들 사이에 다시 새로운 권위의 피라미드가 생기는 것 등이 그 예에 해당할 것이다. 또한 이에 대한 실증적 연구로 미헬스(Michels)의 과두제의 철칙(the iron law of oligarchy)을 들 수 있다.

게 상기해주듯이, 책임감 없이 권위를 소유한 사람은 대가를 치르게 된다. 그러므로 심지어 책임이 조직적 기능에는 유해한 것일 수 있다 해도, 개인적 가치라는 견지에서 책임을 도입하는 경우가 있는 것이다. 그러나 본 장의 일반적인 목적에 부합하여, 여기에서는 책임의 가치를 조직의 고유한 목표의 견지에서 정의하고자 한다.

기능적 관점에서 볼 때 책임 없는 권위의 기본적인 결함은 불필요한 오류와 같은 것이다. 물론 불확실성의 세계에서는 오류가 있기 마련이다. 정보가 조직의 어느 곳에서는 이용 가능하지만 권위에 의해 활용될 수 없거나 이용되지 않을 때, 오류는 불필요한 것이다.

이러한 실패의 원인은 정보가 과중하고 권위로 의사결정을 하는 것이 과중한 데 있다고 아주 단순하게 말할 수 있다. 어떠한 복잡한 조직에서도 한 개인이나 또는 소집단이 적절한 모든 것들을 인식할 수는 없다. 현대의 발전된 국가에서 통계적 서비스를 대량으로 제공하는 것에서 볼 수 있듯, 심지어 정보를 획득하는 데 있어 공식적인 규정이 있다고 해도 개인들이 모인 소집단에서도 필요로 하는 자료를 동화(同化)시킬 수는 없다.[33]

---

33 예를 들어 특정 정보를 특정 부서에서 얻을 수 있는 공식적인 규정이 있다고 해도, 그 부서에 정보(자료)를 요구함으로써 필요한 모든 정보를 얻을

법 조항이나 또는 행위코드의 형태로 있는 비개인적 권위는 일반적으로 홍수처럼 쏟아지는 정보를 이용하는 데 유용성이 떨어진다. 비개인적인 규칙들은 일어날 가능성이 있는 다양한 대규모의 사건들에 대해 적절한 대응을 할 수 없다. 오해를 피하기 위해, 공식적 규칙들이 변화하는 환경에 대처할 수 없다는 것을 주장하는 것은 아니라는 점을 분명히 할 필요가 있다. 규칙은 게임이론의 용어를 사용하면 전략이라는 조건적 형태로 형성될 수 있고 또한 형성되어야만 한다. 규칙은 "만일 사건 X가 일어나면 A를 행하고, Y가 일어나면 B를 행하는 등등"의 형태를 지니고 있어야만 한다. 그러므로 정보사용의 가능성을 통합하는 것이 바로 규칙의 형태로 나타나는 것이다. 그러나 규칙을 형성하는 데 있어 충분한 융통성을 달성하기 위해 중요한 두 가지의 한계점이 있다.

(1) 모든 가능하고 적절한 상황에 대처하는 규칙을 만드는 일은 노력의 견지, 특히 가능한 상황과 그 효과의 범주에 대한 정보의 견지에서 비용이 많이 드는 것이다.

수는 없다. 왜냐하면 특정 부서나 조직에는 다시 개인들의 소집단이 있지만, 적은 인원이 모인 소집단에서조차 어떤 자료가 공동으로 필요로 하는 동질화된 자료인가에 대해 합의가 이루어지지 않는다는 것이다.

(2) 정보의 속성에 의해, 전략이나 조건적 규칙을 집행하기 위해서는 정보가 요구된다. 특히 규칙이 적절한 복잡성을 지니고 있을 때 이러한 정보를 획득하는 데는 비용이 많이 든다.

재량적 권위에서 규칙으로 이전한다는 생각은 특히 경제정책의 영역에서 때때로 주장되는 만병통치약이 되는 것은 아니다.

그러므로 개인적 또는 비개인적 권위는 합법적으로 비판될 수 있다. 즉 조직에서 어떤 사람들은 적어도 다른 사람들보다 우월한 정보를 지니고 어떤 일에 접근할 수 있는 것이다. 스코틀랜드의 권위에 대해 "그리스도의 자비심으로 내가 당신에게 간절히 원하는 것은 당신이 잘못할 수 있다는 것을 생각하라는 것이다"라고 권위에 대한 개념을 환기시킨 크롬웰(Cromwell)의 말을 되새겨볼 필요가 있다. 하지만 이런 말을 한 크롬웰도 자신의 입장에서는 다른 사람들이 그를 바로잡기에 충분할 정도로 알고 있을 가능성을 용인하지 않았던 것이다.

정보가 과중함에 따라 능률성이 떨어지는 현상은 선입견에 따라 정보를 여과하는 경향에 의해 증가된다. 인지부조화(認知不

調和)[34]를 극복하는 것보다는 이전의 신념에 부합하는 정보를 이해하고 받아들이는 것이 훨씬 쉬운 일이다.[35] 진주만에서부터 시작하여 월남에 이르는 최근의 정치적인, 특히 군사적인 역사는 어둡고 비참한 예들로 가득 차 있다. 근세로 돌아가 보면 타이타닉호가 도움을 요청하는 전문을 보내기 시작했을 때, 근처에 있었던 배의 선장은 그 메시지가 실수로 보내진 것이거나 또는 장난일 것이라고 생각했다. 왜냐하면 타이타닉 호는 가라앉지 않는 배로 알려져 있었기 때문이다.[36] 의사결정의 또 다른 영역에서, 내 친구인 저명한 한 심리학자는 텔레파시의 증거가 심리학

34 인지부조화(cognitive dissonance)란 태도의 인지내용을 형성하는 신념과 행동의 불일치관계를 설명하는 개념이다. 예를 들어 갖고 있던 책을 팔았을 경우, 책을 판 행동과 책을 지니고 있어야 한다는 긍정적 신념 간에는 괴리가 발생하며, 이를 인지부조화라고 한다. 그러므로 사람들은 인지부조화가 발생했을 때 예를 들어 판책에 대한 긍정적 신념보다는 불필요한 책이라는 부정적 신념을 강화하여 인지부조화를 축소(cognitive dissonance reduction)시키려 한다.

35 즉 인지부조화가 발생하는 정보를 획득하여 인지부조화의 축소를 위해 노력하는 것보다는 인지부조화가 없는 이전의 신념에 맞는 정보를 받아들이는 것이 훨씬 용이하다는 뜻이다. 즉 들어오는 정보를 선입견에 따라 여과하게 되면 결과적으로 필요한 정보도 여과되게 되어 능률성이 떨어지게 된다.

36 여기에서도 타이타닉호의 침몰 후, 타이타닉호가 보낸 전문에 대해 근처의 배의 선장들은 그 전문을 인지부조화를 축소시키는 데 사용한 것이 아니라, 이전의 신념이나 선입견(침몰하지 않는 타이타닉호)에 기초한 정보를 받아들여 자신을 합리화했던 것이다.

자들이 용인하고 있는 많은 제안들보다도 더욱 강력한 것이라고 내게 말한 적이 있다. 그러나 과학적 입장을 고수하고 있는 사람들 중에 어느 누구도 이를 진지하게 받아들이지 않았고, 그 역시 그러했다. 이러한 예들은 외고집적인 것들은 아니다. 정보의 양이 정보를 처리할 수 있는 제한된 능력을 초과할 때, 정보를 여과하는 것이 합리적인 대응인 것이다.

그러므로 바로잡는 기제가 잠재적으로 생명력을 지니고 있는 맥락에서 권위는 잘못될 수도 있다.

나는 권위가 책임을 갖고 있다는 것은 조직에 가치 있는 것이라고 논의하면서 과부하가 걸린 요인(책임의 가치)을 강조해왔다. 이와 동일한 목적을 지니면서 한걸음 더 나아가는 두 번째의 논의가 있다. 이것은 절대적이고 책임 없는 권위를 다루는 것은 하위자의 업무수행에 해를 미칠 수 있다는 것이다. 이러한 제안은 소위 말하는 '인간관계운동'을 야기하면서 1930년대에 엘튼 메이요(Elton Mayo)와 그의 동료들의 연구에서 아주 커다란 지지를 받았으나, 오늘날에는 어느 정도 진부한 표현이기도 하다. 그러나 엘튼 메이요의 연구와 동시대 연구서인 에리히 프롬(Erich Fromm)의 『자유로부터의 도피』(Escape from Freedom)에서는 권위에 대한 인간의 심리적 소망을 강조하고 있다. 여기에서는 이러한 커다란 의제를 자세하게 다루는 것을 피한다. 어떠한 경우에도, 근로자의 사기와 그 성과 간의 관계를 제시하는 경험적 연구는 거의 존재하지 않는다.

책임의 성취 The achievement of responsibility

권위에 책임을 부여하는 것이 가능할 뿐만 아니라, 적어도 장기간에 걸쳐 책임의 어떤 요소도 존재하지 않는 조직을 상상할 수는 없다. 즉 어떤 조직도 어떤 형태로든지 책임의 요소를 지니고 있다. 첫 번째로 실제의 모든 조직들은 그 영역이 한정되어 있다. 허쉬만(Hirschman)이 강조했듯이, 조직에서 탈퇴(exit)하는 것은 비록 비용은 드는 것이지만, 항상 가능한 일이다.[37] 궁극적으로 조직의 구성원들이 조직을 탈퇴함으로써 조직이 사라지는 것을 설명해줄 수 있는 것이 바로 권위인 것이다.[38] 만일 한 조직의 고객들이 조직 구성원들 사이에 있다는 점을 고려한다면, 권

---

37 이것은 알버트 허쉬만(A. Hirschman)의 '탈퇴, 항의 그리고 충성(exit, voice, and loyalty) 이론'을 원용한 것이다. 허쉬만은 탈퇴(조직을 그만두거나 상품을 사지 않는 것 등)와 항의(조직에서의 저항 또는 상품에 대한 비판 등) 및 충성(조직 권위에 대한 충성이나 특정 상품을 애용하는 것 등)으로 사람들의 행동을 설명하고 있다. 또한 탈퇴와 항의는 충성의 기준으로도 사용될 수 있다.

38 즉 조직에 권위가 없거나 권위가 구성원의 요구와 일치하지 않을 때 그리고 항의가 받아들여지지 않을 때, 구성원들이 탈퇴하게 되며 구성원의 탈퇴는 권위에 대한 불복종이자 곧 조직의 소멸로 이어질 수 있는 것이다.

위의 규제자(regulator)로서의 경쟁이라는 고전적인 경제적 관점은 탈퇴의 특수한 형태로 간주될 수 있는 것이다.[39]

탈퇴에 대해 철저하게 제재하는 것은 그렇다 하더라도, 대부분의 조직들은 비록 공식적인 것은 아닐지라도 권위의 영역을 어느 정도 제한하는 방법을 지니고 있다. 조직적으로 이루어지든 아니면 비조직적으로 이루어지든 간에, 명령에 대해 복종하지 않는 것은 종종 권위의 한계를 설정하는 것으로 볼 수 있다. 그리고 다른 많은 제재와 마찬가지로, 권위에 대해 복종하지 않을 것이라는 두려움으로 인해 권위를 행사함에 따른 책임이 내재화될 수 있다.

게다가 권위의 행사가 합법적 수단을 통해 이루어지지 않을 때, 그러한 권위를 행사하는 개인은 제거될 것이다. 혁명은 항상 존재할 가능성이 있으며, 조직의 다양한 곳에서 온순한 형태의 혁명이 일어날 수 있다.[40]

---

39 조직에서 구성원들 간의 경쟁이 있다는 점은 결국 권위가 경쟁 중 하나를 택해야 하는 것이기에, 경쟁상태가 권위를 어느 정도 규제할 수 있다는 것이며, 구성원 간 경쟁에서의 패배는 종국적으로 조직 탈퇴의 특수한 형태가 될 수 있을 것이다.

40 비합법적인 수단을 통한 권위의 행사는 직접적인 혁명을 초래할 수 있을 뿐만 아니라, 간접적 · 잠재적 · 장기적 · 점진적인 온순한 형태의 혁명을 초래할 수 있다.

그러나 조직의 의사결정에 있어서 정보의 흐름을 증진시키기 위해 성원을 탈퇴시키거나 파면시키는 기제가 특별하게 만족할 만한 것은 아니다.[41] 탈퇴나 혁명이 있다는 사실은 의심의 여지없이 어떤 것이 잘못되고 있다는 정보인 것이다. 물론 그러한 잘못이 무엇인지 분명한 것은 아니다. 그리고 파면이란 정보의 근원이 다른 새로운 권위로 바뀌는 것을 의미하는 것이다. 그러나 새로운 정보가 나타나는 방법을 체계적으로 최적화하는 방법은 없다.

현대 조직들 대부분은 책임을 체계적으로 규정할 필요성을 실제로 인식하고 있고, 이를 달성하기 위한 제도적인 수단을 지니고 있다. 이러한 수단들을 모두 망라하지 않아도, 우리는 책임 기제(responsibility mechanisms)들을 어느 정도 나열할 수 있다.

(1) 보다 높은 능동적 권위에 대한 책임, 즉 기업의 대표에 대

41 구성원의 탈퇴나 파면은 조직의 선호와 해당 개인의 선호가 일치하지 않기에 발생하는 것으로 볼 수 있지만, 개인이나 조직측면에서 모두 반드시 바람직하지도 않고 만족할 만한 것은 아니다. 왜냐하면 개인적으로는 이직비용이 발생하고, 조직적으로는 구성원에 대한 투자가 회수할 수 없는 매몰비용이 되기 때문이다. 반면에 조직선호와 일치하지 않는 선호를 지닌 성원들을 조직에 그대로 둔다면, 조직의 정보흐름은 둔화되거나 왜곡되어 조직의 생산성은 저하될 것이다. 따라서 조직은 구성원 개인의 선호를 조직선호에 일치시키려는 교육훈련을 지속적으로 해야 할 필요성이 있다.

해 부서 관리자가 지니고 있는 책임이 있다. 이러한 유형의 기제는 문제를 단지 재배치하는 것이다.[42]

(2) 임시적 또는 한시적 권위에 대한 책임이다. 그 예로 이사회나 주주들에 대한 기업 대표의 관계 또는 민주적으로 선출된 관료들이 선거민에 대해 갖는 책임 등을 들 수 있다. 이것은 다른 권위에 대한 책임을 말하는 것이다. 하지만 권위의 선택을 통해서만 그 권위가 행사될 수 있다.[43] 권위가 활용 가능하게 되는 이면에는 정보가 도입되는 것이 있지만, 이것은 단지 한시적인 것일 뿐이다.

(3) 한정된 영역에서만 타당성을 지닌 특정한 권위에 대한 책임이 있다. 이것의 주된 예는 사법적 권위이다. 행정부와 입법부는 의사결정범위의 한계를 정하는 것이나 또는 그

---

42 문제의 재배치란 위임-대리이론적 관점에서 볼 때, 대표(위임자)에 의해 권한이 위임된 부서 관리자(대리인)는 부서의 성원들과의 관계에서 다시 부서 관리자가 권한의 위임자가 되고 부서 성원은 권한을 위임받은 사람(대리인)이 되는 관점이다. 이에 따라 조직의 문제 또는 책임은 위임-대리관계로 재배치된다고 볼 수 있다.

43 권위의 선택이란 경영자로서의 대표이사 또는 선출된 관료나 정치가는 스스로 그 분야에서 권위가 있는 사람이고, 주주나 선거민이 해당 대표나 관료들을 선택하여 권위를 부여한 것이라는 의미이며, 이러한 선택을 통해야만 그 권위가 행사될 수 있다. 다시 말해 기업 대표나 관료들은 선택당한 사람들이자, 여러 후보자들 중 선거민들이 선택한 사람에게 권위가 주어지기에, 이는 곧 주주나 선거민들이 권위를 선택하는 것이다.

절차의 적절성과 같은 어떤 구체화된 차원에서 사법부에 대해 책임이 있다. 그러나 의사결정의 본질에 대한 원칙이 아닌 다른 사항에서는 책임이 없다.

(4) 비권위적 집단에 대한 책임이 있다. 비권위적 집단이란 예를 들어 조사위원회나 옴부즈만(ombudsmen) 등과 같은 것이다. 네 번째의 책임기제는 권위에서 활용 가능한 정보 그리고 비권위적 기관에서 제공하는 그 이상의 정보를 받는다는 견지에서의 결정을 정당화하는 책임만을 말한다.[44]

권위와 책임 간의 상쇄관계에 대한 고찰

Consideration on the trade-off between authority and responsibility

책임과 권위의 가치를 조화시키려는 제도적 설계는 많이 이루어져왔다. 그러므로 여기에서는 기본적인 몇 가지만을 언급하려 한다. 책임의 기능을 수행하기 위해서는, 책임에 따른 오류의 수정 능력이 있어야만 한다. 그러나 오류수정에 따라 권위의 진

44 조사위원회나 옴부즈만과 같은 비권위적 기관(집단)은 권위가 활용 가능한 정보 이상의 정보들을 많이 제공한다. 비권위적 기관이 제공한 정보로 결정을 정당화했을 때의 책임은 유일하게 정당화한 것에만 있다는 의미로 해석된다.

정한 가치가 손상되는 것과 같은 일이 일어나서는 안 된다. (기관에서) 충분하게 엄격하고 지속적으로 책임을 행사한다면 쉽게 권위를 부정하는 것에 이를 수 있다.[45] 만일 A의 모든 결정이 B에 의해 검토된다면, 권위의 궤적이 A에서 B로 이동하는 것이고, 이것은 권위의 위상이 바뀐 것일 뿐 본질적 문제를 해결하는 것은 아니다.

권위의 가치가 유지되기 위해, 책임이 간헐적으로 이루어져야만 하는 필요성이 나타난다. 이것은 일시적인 것이 될 수 있을 것이다. 이것은 "예외에 의한 관리(management by exception)"로 명명된 형태로 이루어질 수 있다. '예외에 의한 관리'란 권위에 의한 실행이 그 기대에 비해 충분하게 나빠졌을 때에만 권위와 그에 따른 결정을 검토하는 것을 말한다. 또는 예외에 의한 관리란 권위에 의한 결정이나 권위의 기간에 대해 무작위로 추출하여 깊게 검토하고 연구하는 형태를 취할 수 있는 것을 말하는 것이기도 하다.[46] 의심의 여지없이 권위를 통제하기 위한 이러한 모든

45 예를 들어 우리나라의 감사원과 같은 기관이 주어진 책임을 엄격하게, 지속적으로 수행한다면 감사원의 감사를 받는 조직의 권위가 훼손될 수 있다.

46 한편 거래비용이론(조직경제학)에서 말하는 예외에 의한 관리란 상위자의 정책결정에 있어 하위자가 올린 대안 중 상위자 자신이 선호하는 대안이 있으면 이를 선택하고, 없으면 하위자의 대안을 무시하고 자신이 선호하는 대안을 결정하는 것을 의미한다(Hammond, 1986).

형태(방법)들은 서로 다른 목적을 위해 필요하다. 이러한 모든 것들이 효과적이기 위해서는 정보체계에 있어서의 변화가 보완적으로 이루어져야 한다. 예를 들어 실제로 달성을 기대하는 결정을 정당화하고 구체화하는 데 있어 각 방법들은 다른 방법으로부터 보완을 받아야 할 것이다.

나는 오류에 대해 구체적인 책임이 있을 수 있는 집단을 검토하는 실험을 특별히 하고자 한다. 불평을 털어 놓을 수 있는 기구가 있음으로써 권위의 외부에 있는 정보의 근원지를 알아낼 수 있는 중요한 수단을 제공받을 수 있다. 그러한 검토절차가 잘 배열될 수 있다면 중요한 문제를 해결하는 데 있어 중요한 자원으로 사용될 수 있다는 추정이 가능하다. 특정 집단을 검토한다는 것은 정보가 어떻게 생성되고 그 정보가 조직의 적절한 부분에 어떻게 유포되는가 하는 것을 검토하는 기능을 지닌다는 것이다. 여기서 말하는 정보의 유포란 "효과적인 유포(effective dissemination)"를 의미하는 것이어야 한다. 그러므로 검토절차에 의해 공급된 정보가 권위에 의해 무시되지 않고 효과적으로 사용되는 것을 보증하기 위한 어떤 수단들이 있어야만 한다. 집단을 검토하는 데 어떤 권위의 요소를 준다고 해서 효과성이 보장되는 것은 아니라고 본다.

이와 같은 의문은 하버드 대학교에서 대학관리를 하는 맥락에서 제기되었던 것이다. 대학에서 소란이 있음으로 해서, 많은 사람들은 교수와 학생들의 행동코드를 보다 분명하게 정의해야 할 필요성에 있다고 광범위하게 동의하였던 것이다. 그러나 행정부서의 행동에도 이와 유사한 책임이 있어야만 한다는 대학에서의 요구에 필적하는 요구가 있었다. 교수위원회에서는 (대학)행정부서가 공표한 대학에서의 행정부서의 의무들을 포함하고 있는 일련의 해결책을 제시했다. 이러한 행정부서의 의무에는 교수진과 학생들의 불평불만에 대해 응하고, 행정적 결정과 절차에 대한 변화의 요구가 있을 때 이를 진지하게 검토하는 것이 포함된다. 조사위원회에서는 행정부서가 일단 불평을 받아들이고, 불평을 검토하는 과정에서 좀 더 모호한 힘을 사용할 것을 제안했다. 하지만 그 속성상 나약한 교수진에서는 검토과정을 모호하게 하는 것은 행정가들이 그들의 권위를 행사하는 데 있어 장애가 된다는 논지 하에서 이러한 제안을 거절했다.

책임이 필요하다는 것에 대한 의견일치는 분명히 없다. 그리고 책임의 영역이나 또는 책임을 달성하기 위한 기제에 대해서도 합의가 이루어지고 있지 않다. 그러나 종교적으로나 또는 왕권에 기초하여 메아리치는 권위처럼 아무런 생각 없이 권위를 받아들이는 것이 현재는 존재하지 않는 것이고, 이미 지나간 시절의 권위에 대한 생각이다.[47] 국가적 권위에 대한 시민들의 불복종이 광범하게 퍼져있는 것에서 볼 수 있듯이, 대다수 사람들의 생각이 반영되어 있는 보편적 의지의 수용조차 약화되어 있는 것이다.[48] 기업이나 대학과 같은 조직처럼, 조직을 구성하고 있는 요소들이 구성원들 사이에 기능적으로 분화된 조직에서는 대다수의 원칙이라는 모델이 적합한 것은 아니다. 조직의 목표를 성공적으로 달성하기 위해 권위는 의심의 여지없이 필요한 것이다. 그러나 권위는 헌법(구성)상으로 계획된 검토와 노출의 어떤 형태에 대해 책임을 지거나 또는 불복종이 불규칙하고 요동치는 형세에 대해 책임을 져야 할 것이다.

47 이러한 권위는 베버(Weber)가 말한 전통적 권위와 유사한 맥락이라고 할 수 있다.

48 보편적 의지(예를 들어 민주시민으로서 지켜야 할 항목이나 환경보호 등)에 대해 대다수의 사람들이 동의하고 있다 해도, 보편적 의지에 대한 동의와 그 준수는 별개사항이라고 사람들이 인식하고 있고, 또한 권위에서 이를 받아들이는 것도 약화되어 있다는 것이다. 예를 들어 선거철만 되면 후보자는 국민의 뜻(의지)에 따른다고 하면서, 막상 당선되고 나면 그 뜻을 수정하거나 약화시켜 일부만을 수용하는 것을 들 수 있다.